Uwe Westphal · Werbung im Dritten Reich

Impressum

Copyright 1989 by :Transit Buchverlag,
Gneisenaustraße 2, 1 Berlin 61
Umschlagentwurf: Nicolaus Ott + Bernard Stein, Berlin
unter Verwendung des Titelblatts der Zeitschrift
»Deutsche Werbung« vom 1. September 1936
Herstellung und Layout: Gudrun Fröba, Berlin
Reprografie: Rink, Berlin
Druck und Bindung: Kösel, Kempten
ISBN 3-88747-054-0
Abbildung Seite 3:
Anzeige im »Völkischen Beobachter«, 1938

Uwe Westphal

WERBUNG IM DRITTEN REICH

: TRANSIT

INHALT

**»REKLAME —
DER SCHLÜSSEL
ZUM WOHLSTAND
DER WELT!«** 7

**WERBUNG
IM
NS—STAAT** 23

VOM »GEIST DES NEUEN
DEUTSCHLAND IN DER WERBUNG« 31

UNTER DOPPELTER KONTROLLE:
DER WERBERAT UND DIE GERICHTE 41

VOM VOLKSSTAUBSAUGER ODER
DER FÜHRERKOPF AUS SCHWEINESCHMALZ 44

»WERBUNG MUSS DEUTSCH SEIN« 50

ANZEIGENMONOPOL IN
DEN HÄNDEN DER NAZIS 57

TÄTIGKEITSVERBOT FÜR
AUSLÄNDISCHE ANZEIGENAGENTUREN 67

ZENSIERTE PLAKATWERBUNG 69

»MESSEN UND AUSSTELLUNGEN ALS
ZEICHEN DEUTSCHER WIRTSCHAFTSKRAFT« 73

QUANTITATIVE ENTWICKLUNG
ZWISCHEN 1934 UND 1940 76

DIE MARKENARTIKLER 78

DIE REICHSWERBESCHULE BERLIN 90

**AUS WERBUNG
WIRD
»JÜDISCHE REKLAME«** 97

VERLORENE SPUREN 108

VIER LEBENSLÄUFE 109

GEORG B. EISLER 109

LUCIAN BERNHARD 112

FRITZ ROSEN 123

E. PAUL WEISE 129

MARKTFORSCHUNG UND »VERBRAUCHERLENKUNG« 137

MARKTFORSCHUNG FÜR DIE KRIEGERISCHE EXPANSION 139

DIE KAMPAGNE »AUFKLÄRUNG ÜBER WIRTSCHAFTLICHE HAUSHALTSFÜHRUNG« 141

DIE KAMPAGNE »KAMPF DEM VERDERB« 142

DIE KAMPAGNE »ALTMATERIALSAMMLUNG« 145

DIE KAMPAGNE »KRIEGSMÄSSIGE AUSRICHTUNG DER INNERBETRIEBLICHEN WERBUNG« 147

»DEUTSCHE AUSLANDSWERBUNG« IM KRIEG – DIE »SÜDOSTBESPRECHUNGEN« 152

»WERBUNG ALS KRIEGSBEITRAG« 155

COCA COLA IST WIEDER DA UND PERSIL IST NOCH BESSER ALS FRÜHER! 158

ANHANG 165

MITGLIEDER DES WERBERATS DER DEUTSCHEN WIRTSCHAFT AB 1933 165

ORGANISATION DES DEUTSCHEN WERBEWESENS IM NATIONALSOZIALISMUS 166

CHRONOLOGIE DER BEKANNTMACHUNGEN DES WERBERATS DER DEUTSCHEN WIRTSCHAFT 171

BESTIMMUNGEN UND VERORDNUNGEN 173

HEINRICH HUNKE HINWEISE ZUR KRIEGSDIENENDEN WERBUNG 175

WÜNDRICH—MEISSEN DIE EINSCHALTUNG DER AMERIKANISCHEN WERBEFACHLEUTE IN DIE KRIEGSPROPAGANDA 176

M.C. SCHREIBER WERBUNG ALS KRIEGSBEITRAG 178

ANMERKUNGEN ZU DEN KAPITELN 180

LITERATURVERZEICHNIS 184

BILDQUELLENVERZEICHNIS 186

PERSONENREGISTER 186

DANK 191

»REKLAME –
DER SCHLÜSSEL
ZUM WOHLSTAND
DER WELT!«

Daß im August 1929 in Berlin der »Welt-Reklame-Kongress« durchgeführt wurde, war schon eine kleine Sensation. Nicht nur für die Branchenangehörigen, die sich nun in die Elite der Werber der Welt aufgenommen sahen, sondern auch für die deutschen Politiker und Wirtschaftsexperten.

Zum erstenmal trafen sich in der Stadt die Werbestrategen und Praktiker aus vielen Erdteilen und berieten über ihre gemeinsame Zukunft, so wenigstens sahen sie seinerzeit den Sinn der Veranstaltung. Hauptsächlich ging es um neue Strategien in der Anzeigenwerbung, denn die Printmedien waren die ersten und wichtigsten Werbeträger dieser Zeit. Radio- und Filmwerbung stellten einen verschwindend geringen Teil der Reklame dar. Die deutschen Werber waren zwar nicht völlig ohne Berufserfahrung, standen aber, gegenüber den Profis aus Amerika, noch sehr unterentwickelt da. Erst wenige Monate zuvor war der »Deutsche Reklame-Verband« (DRV) mit ca. 4000 Mitgliedern in 26 Ortsgruppen gegründet worden. Dieser Organisation voraus ging der 1903 gebildete »Verein Berliner Reklamefachleute«, der sich dann, 1908, zu diesem Zeitpunkt immer noch eher Stammtisch als wirksame Interessenorganisation, zum »Verband Deutscher Reklamefachleute« umbenannte.

Georg Wagner, Ehrenpräsident des DRV, sah in dem Verband »... die erste Organisation, die den Zusammenschluß der deutschen Reklamefachleute sich zum Ziele setzte, und ... dieses Ziel trotz vieler Kämpfe und Anfechtungen mit Erfolg erreicht ...« hat.[1] Wagner, selbst Gründungsmitglied des DRV, führt den sich in der Zeit um 1900 entwickelnden Beruf des Werbefachmannes auf die »Bedürfnisse der Wirtschaft«[2] zurück. Die Entwicklung der Großindustrie und die Produktion von Gütern des

Massenkonsums stellte die Wirtschaft vor die Aufgabe, vorhandene Bedürfnisse in der Bevölkerung aufzugreifen bzw. Produkte in der Bevölkerung durchzusetzen. Dazu bedurfte es eines umfangreichen Systems der Verteilung der Waren, aber eben auch der Werbung, um diese dem potentiellen Verbraucher bekannt zu machen. Die immer weiter abgestufte Arbeitsteilung in der industriellen Produktion nach der Jahrhundertwende, die Entfaltung einer reicheren Produktpalette mit Artikeln des täglichen Gebrauchs nimmt in Deutschland in der Zeit von 1900 – 1914 ausgeprägte Formen an. Die gewerkschaftliche Organisierung großer Teile der Arbeiterschaft erreicht zudem Lohn- und Tarifverbesserungen, so daß mit einem verstärkten Absatz der Waren in der Bevölkerung gerechnet werden konnte. Voraussetzung dafür war die Entwicklung der deutschen Städte zu Metropolen, der Ausbau der Verkehrs- und Transportwege. Der schon länger währende Zuzug der ländlichen Bevölkerung in die Städte beschleunigte das Wachstum der Zentren.

Somit fiel auch die Gründung des Vereins Berliner Reklamefachleute nicht zufällig in die Zeit der perfekter organisierten Massenkommunikationsmittel und der Herausbildung der deutschen Stadtmetropole Berlin. Der organisatorische Schritt zur Zusammenfassung der Werbungstreibenden war die Konsequenz aus der auf Massenproduktion ausgerichteten Industrie.

Das entscheidende Medium, mit dem Werbung betrieben werden konnte, war schon lange Zeit (und blieb es zunächst) die Presse. Ohne hier einen weiteren Exkurs in die Geschichte der Annoncen-Werbung auszubreiten, seien doch einige interessante Entwicklungsstationen kurz benannt.

Die Voraussetzung zur Nutzung der Presse als Träger privatwirtschaftlicher Interessen mittels Anzeigen sieht Jürgen Habermas in der »Kommerzialisierung der Presse«.[3] »Geschäftliche Werbung, das, was 1820 zuerst in Frankreich Reklame genannt wurde, ... ist erst eine Erscheinung des Hochkapitalismus; ja, sie gewinnt nennenswerten Umfang erst mit den Konzentrationsprozessen des industriellen Kapitalismus in der zweiten Hälfte des 19. Jahrhunderts: Bis weit ins 19. Jahrhundert hinein besteht bei vornehmen Häusern Abneigung selbst gegen einfache Geschäftsanzeigen; Geschäftsreklamen gelten als unanständig.«[4] Werner Sombart, Wirtschaftswissenschaftler, hingegen sprach davon, daß die Reklame den »Schwachsinn der großen Masse« voraussetze.

Tatsächlich erfuhren die Zeitungen mit der Erweiterung oder gar erstmaligen Aufnahme von Geschäftswerbung eine Veränderung. War lange Zeit die Herausgabe eines Blattes ausschließlich von der Gunst des Lesers abhängig, denn dieser finanzierte mit dem Abonnement oder Kauf »seine« Zeitung, kam mit den Anzeigengeldern eine Einnahmequelle für den Verleger hinzu, die ihn unabhängiger von den Lesern des Blattes machte. Zwar konnte er ihnen gegenüber jetzt auch nicht völlig frei handeln und entscheiden – schließlich hatte eine Anzeige nur bei hohen Auflagen ihren Sinn und Preis –, aber wichtiger wurden nun Rücksichten auf die Inserenten. Dieser Mechanismus treibt im übrigen noch heute Anzeigenleitern und Redakteuren großer Blätter den Angstschweiß auf die Stirn; der drohende Entzug ganzer Anzeigenserien durch Unternehmen kann die finanzielle Grundlage eines Blattes schon ins Wanken bringen.

1855 wurde die erste deutsche Annoncen-Expedition durch Ferdinand Haasenstein in Altona gegründet. Das Geschäftsprinzip der Annoncen-Expedition beruhte auf der Idee (die im übrigen schon in London um 1800 durch White & Sohn, in New York durch Orlando Bourne mit seiner 1828 gegründeten »Advertising Agency« bekannt war), daß zwischen dem Inserenten und dem Zeitungsverleger ein kompetenter Vermittler tätig wird. 1867 beginnt die »Annoncen-Expedition Rudolf Mosse« in Berlin ihre Tätigkeit und übernimmt auf dem Wege der Pacht ganze Anzeigenteile anderer Zeitungen, auch in Österreich und der Schweiz. Vier Jahre später gründet Mosse seine eigene Zeitung: das Berliner Tageblatt. Leopold Ullstein bringt in den Jahren darauf die Berliner Zeitung, das Berliner Abendblatt und die Berliner Illustrierte Zeitung heraus. August Scherls Berliner Lokal-Anzeiger war, wie die Blätter von Mosse und Ullstein, schon auf die Annahme von Inseraten geschäftlicher Art angewiesen.

1904 erscheint die B.Z. am Mittag als das erste deutsche Blatt im Straßenverkauf. Nun beginnt, mit ungeheurer Geschwindigkeit, die Herausgabe verschiedenster Zeitungen, die sich an spezielle Leserkreise richten und deren Anzeigenteil sich dem Inhalt des redaktionellen Teils anpaßt. Die Gründung des Reichsverbandes der deutschen Presse 1910 bedeutete – ebenso wie der zwei Jahre zuvor gebildete Verband Deutscher Reklamefachleute – einen Schritt hin zu wirksamer Vertretung der Brancheninteressen der Werbung. Doch linear und glatt verläuft dieser Prozeß nur kurze Zeit. Das »deutsche Werbewesen« mußte sich »... nach erst 6jährigem Bestand ... mit den Problemen und der Tragik des (ersten) Weltkrieges und der Nachkriegsjahre abfinden und besonders in den Kriegsjahren schwer kämpfen... Dieser Kampf, der nur durch die zähe Energie und aufopfernde Tätigkeit der Pioniere [gemeint sind die Gründer des Reklame-Verbandes, A. d. V.] mit Erfolg bestanden wurde, war zugleich der Kampf der deutschen Wirtschaft und des deutschen Volkes.«[5]

Max Riesebrodt, einer der rührigsten Geister der deutschen Reklame in den zwanziger Jahren und erster Vorsitzender des

DRV, bemühte sich in der ersten Nachkriegszeit erfolgreich um die »internationale Anerkennung des deutschen Werbewesens«. So reiste er mit insgesamt 50 Vertretern der deutschen Werbung schon 1924 nach London zum Kongress der International Advertising Association. Wenngleich die Gruppe hier, angeschlagen durch die Auswirkungen der heimischen Inflationsjahre, noch wenig Ergebnisse ihrer Arbeit vorweisen konnte, so schaffte es Riesebrodt doch, den Anschluß an das internationale Werbegeschehen zu halten. Zwar interessierte sich der Verbraucher, dem in den ersten Nachkriegsjahren wenig zu verbrauchen gegeben war, kaum für diese Anstrengungen, die letztlich auf ihn gerichtet waren, doch formierte sich in dieser Zeit ein neues Verständnis von Werbung. Der Zusammenbruch des Kaiserreichs veränderte die Konsumgewohnheiten und den Stil der Reklame in Anzeigen, auf Plakaten und Werbeschildern. Eine neue Generation von Gebrauchsgraphikern sorgte für frische Ideen in der Gestaltung von Bildern und Texten.

Die organisatorische Anbindung der deutschen Werber an europäische Werbeorganisationen erfolgte 1928 mit der Gründung des Kontinentalen Reklame-Verbandes (KRV), in dem Deutschland mit 15 angeschlossenen Verbänden vor Frankreich mit 9, der Tschechoslowakei mit 5 und Belgien mit 2 die Spitze übernahm; insgesamt waren 18 Länder im KRV vertreten.

Trotz dieses kontinentalen Zusammenschlusses waren der Britische Reklame-Verband mit 39 angeschlossenen Einzelverbänden und die USA mit den 159 »Associate Advertising Clubs of America« die großen Vorbilder der deutschen Werber. Schon 1906 waren Interessenverbände der Presse in den einzelnen Bundesstaaten von Amerika, die Federation of Trade Press Association, gegründet worden, gleichzeitig mit vereinigten Werbeorganisationen.

Europa war in stärkerem Maße in die Ereignisse des Ersten Weltkrieges involviert, »... der Krieg und dessen wirtschaftliche Folgen hemmten das Fortschreiten der Organisation der Werbung«.[6] Somit war nicht nur der Erfahrungshintergrund der amerikanischen Werbeorganisationen größer; sie hatten zudem auch nicht das Problem, anders als in Europa und besonders in Deutschland, sich mit traditionellen Kulturvorstellungen und Rezeptionsweisen auseinandersetzen zu müssen.

Dennoch konnten die deutschen Werber durchaus auf beachtliche Leistungen zurückblicken. Seit 1908 erschien die Zeitschrift: »Die Reklame«. Diese erste reine Reklamezeitschrift Deutschlands ging aus einer Fusion mit dem »Verein der Plakatfreunde« hervor, der schon die graphisch äußerst anspruchsvolle Zeitung »Das Plakat« herausbrachte. Im Verlag Francken und

Lang erschien dieses Mitgliederblatt bis April 1921. Die nach dem Krieg vom Verband Deutscher Reklamefachleute eingerichtete »wissenschaftliche Arbeitsstelle« sorgte sich in erster Linie um das berufliche Bildungswesen mit zahlreichen Arbeitsgemeinschaften sowie Seminaren an der Handelshochschule Berlin. Es wurden erste wissenschaftliche Werke publiziert, die sich systematisch mit den Methoden der Werbung auseinandersetzten. Ebenso erschienen Broschüren und Lehrmaterialien mit beispielhaften Anzeigen und Textbeispielen. Die Weiterbildung der Mitglieder, die aus verschiedenen Berufszweigen im Verband zusammengeschlossen waren, wurde ab 1927 in spezifischen Fachgruppen vorgenommen.

Neben der »Reklame« gab es noch weitere Fachzeitschriften, die zwar nicht die gleiche hohe Auflage erreichten, aber eine wichtige fachspezifische Ergänzung in der Reklamepresse darstellten. Besonders die seit 1913 erschienene Zeitschrift »Seidels-Reklame«. Herausgegeben wurde sie »... von dem kunst- und reklamebegeisterten Direktor Wilhelm Seidel, früher bei Gustav Lyon und später Direktor der Bazar A. G. ... Diese Zeitschrift hat«, so lobten die Versammelten des Weltreklamekongresses, »ebenso wie die 'Reklame' erst das Verständnis für moderne Reklamegraphik, Plakatkunst und alle anderen Gebiete der Reklame in Deutschland erweckt.«[7]

Das dritte Blatt, das hier Erwähnung finden soll, ist die von Professor H. K. Frenzel herausgegebene Zeitschrift »Gebrauchsgraphik«. Diese Zeitschrift, die von der Drucktechnik und graphischen Gestaltung im internationalen Kontext bestehen konnte, erschien in Deutsch und Englisch und hatte daher viele Abnehmer in den USA und England. Insgesamt beschäftigten sich in Deutschland, neben den drei genannten Fachzeitschriften, 61 weitere Blätter direkt oder indirekt mit Reklame. Davon erschienen allein 22 in Berlin und 16 in Leipzig.[8]

Daß sich Berlin zum Zentrum der Reklame entwickelte, lag zunächst an der Konzentration der größten Presse- und Verlagshäuser Deutschlands in dem Berliner Zeitungsviertel, dem Quartier Charlottenstraße, Jerusalemerstraße, Koch- und Schützenstraße. Hier waren die großen Annoncenexpeditionen von Mosse, Ullstein und Scherl zu finden, wurden Millionenbeträge mit dem Anzeigengeschäft umgesetzt. So war Scherls »Allgemeiner Wegweiser« fast ein reines Anzeigenblatt mit einer Auflage von 500000 Exemplaren, in den vierziger Jahren wurden sogar mehr als eine Million davon verkauft. Um diese Verlagshäuser herum scharten sich viele kleinere Werbebüros, Werbeberater, Werbefachleute, eben die gesamte Werbeindustrie in den zwanziger Jahren. Unter anderem auch Alfred Hugenberg, der den Scherl-Verlag 1916 übernimmt und kurz darauf mit der Gründung der »Allgemeinen Anzeigen GmbH« (Ala) neue Maßstäbe im Anzeigenvermittlungsgewerbe und in der politischen Auseinandersetzung setzt. Mit dem millionenschweren Hugenberg (ehemaliger Direktor der Krupp AG Essen), gestützt durch rechtskonservative Kreise, sollte eine eindeutig antisemitische Gegenposition zu den im jüdischen Familienbesitz befindlichen Häusern Mosse und Ullstein geschaffen werden.

Die Ala suchte nun in Kreisen der Berliner Industrie neue Gesellschafter, die sich mit Geschäftsanteilen von fünfhundert Mark einkaufen konnten und damit zum raschen Ausbau des Unternehmens beitrugen. Mit dem erhöhten Kapital fügte Hugenberg der Ala 1917 die Annoncenexpeditionen Haasenstein & Vogler sowie Daube & Co. in einem gelungenen Coup zu. Nun war die Ala mit einem weit verzweigten Netz von Annoncenbüros in Deutschland zur größten Anzeigenvermittlung geworden. Zu ihr gehörten »fünfundsiebzig Zeitungsverlage und über dreihundert Gesellschafter aus Handel und Industrie, ... die fast ausschließlich in ihrer politischen Orientierung auf der Rechten ...« standen.[9]

Plakat von
Max Bittrof,
Frankfurt
1932

Die Gefahr, die darin lag, ahnten zu diesem Zeitpunkt wenige, besonders aber die Werber nicht. Sie waren mit der Organisation des eigenen Berufszweiges beschäftigt; wer wollte es ihnen übelnehmen. Nach dem Ende der Inflation ab 1923 ging das Geschäft gut an. Zahlreiche Graphiker verdienten ihr Geld jetzt mit der Gestaltung der sich boomartig entwickelnden Anzeigen-, Plakat- und Schaufensterwerbung. Prof. Lucian Bernhard, wohl einer der renommiertesten Gebrauchsgraphiker Deutschlands in den zwanziger Jahren, ließ sich mit seinem Kollegen Fritz Rosen ausgerechnet im Ala-Haus in der Potsdamerstraße im eigenen Atelier für Werbegraphik nieder. Beide wurden dann allerdings, Bernhard schon 1932, Rosen 1933, durch den wachsenden Antisemitismus, der sozusagen im eigenen Haus geschürt wurde, gezwungen, ihre Existenz in Deutschland aufzugeben.

Es war die spezifische Situation Ende der zwanziger Jahre in Berlin, die den Welt-Reklame-Kongress prägte. Endlich hatten die deutschen Werbefachleute und jene, die sich dafür hielten, Anschluß an das Weltreklamegeschehen bekommen, konnten auf fünf Jahre Prosperität im Werbewesen zurückblicken und auf allen Straßen, Plätzen und Wänden ihre Arbeiten ausstellen. Sie gestalteten die ersten großen Messen, die Grüne Woche, die Funkausstellung, Messen im Ausland; alles dies förderte Selbstbewußtsein und wohl nicht selten Omnipotenzgefühle, die jedoch eine gewisse Blindheit für die allgemeinen Entwicklungen nach sich zog.

Prospekt für
die Bernhard-
Rosen-
Ausstellung
im Ala-Haus,
Berlin 1929

Wie sahen die Pläne der versammelten Werber 1929 aus, welche Einschätzung hatten sie von ihrer Arbeit?

Die Aufgaben, die sich die deutsche Werbewirtschaft stellte, mußten die stürmische Entwicklung der vergangenen fünf Jahre berücksichtigen. Allgemeine Übereinstimmung bestand darin, daß zwar viel Geld für Werbung investiert wurde, man aber dieses Geld häufig für ineffektive Werbung vergeudete. »Es wird angenommen, daß von den für Werbung ausgegebenen Summen ein Drittel bis zur Hälfte unzweckmäßig ausgegeben wird und folglich als verloren gelten kann.«[10] (Der geschätzte Betrag für wirtschaftliche Werbung belief sich damals auf zwei Milliarden Mark pro Jahr).[11] Dieses Dilemma wurde auf die – im Vergleich zur amerikanischen Werbung – mangelnde Organisation der Werbefachleute zurückgeführt. Wenngleich sich im Jahr 1929 schon 15 Organisationen, die mit Werbung in direkter oder indirekter Weise beschäftigt waren, zusammengeschlossen hatten, fehlte doch ein gemeinsames Handlungskonzept, welches die Werbung für »... die Gesamtwirtschaft und für die Allgemeinheit«[12] wirksam werden ließ. »Den hohen Aufgaben, die das deutsche Werbewesen zu erfüllen hat, wird dieses nur gewachsen sein, wenn es die große Linie erkennt, die zum Ziele führt. Das ideale Ziel aber ist, daß die von den Werbefachleuten verwalteten hohen Beträge restlos zweckmäßig und erfolgreich verwendet werden, damit das volkswirtschaftliche Axiom, wonach Reklame keine unfruchtbare Aufgabe, sondern eine gute Anlage des Kapitals darstellt, zur Wahrheit werde.«[13] Diese Ausführungen von Dr. Alfred Knapp, ehrenamtlicher Generalsekretär und Schatzmeister des Welt-Reklame-Kongresses, lehnten sich direkt an die Ausführungen eines Mr. Coolidge von der American Association of Advertising Agencies an. Dieser belehrte seine staunenden deutschen Kollegen, wie es mit der Reklame bestellt sei:

»Massenproduktion«, so Coolidge, »ist nur dort möglich, wo Massennachfrage besteht. Massennachfrage ist aber ausschließlich durch die Entwicklung der Reklame geschaffen worden. Das moderne Geschäftsleben kann mit alten Vertriebsmethoden nicht existieren. Es benötigt ständig Reklame. Es genügt nicht, Güter zu fabrizieren, es muß auch die Nachfrage geschaffen werden. Auf dieser Grundlage, die Produktion durch eine mittels Reklame gesteigerte Nachfrage zu erhöhen, beruht zum größten Teil der Erfolg der amerikanischen Industrieorganisation.«[14] »Die überragende Stellung der amerikanischen Industrie mit ihrer ständigen Senkung der Preise ist zum größten Teil durch die Massenproduktion erreicht worden.«[15]

Solche Aussagen mußten den Werbern in den Ohren klingen. Hier war jemand, der ihnen einen Platz in der Wirtschaft zuschrieb, ihre Bedeutung richtig einschätzte. Zwar kannten auch die deutschen Reklameprofis die gestiegene Massenproduktion von Gütern, doch waren damit nicht unmittelbare Preissenkungen verbunden; zudem stellte sie die Massenfertigung vor neue Werbeprobleme, denn nicht jeder große Fabrikant wollte auch viel Geld für Werbung investieren. Ausdruck der durchaus idealistischen Auffassung von einer schier unbegrenzt sich erweiternden Produktion und einem scheinbar daran gebundenen Wohlstand für die gesamte Bevölkerung war die Losung des

Reklame-Kongresses von 1929 in Berlin: *Reklame – der Schlüssel zum Wohlstand der Welt!*

Der Glaube an die unbegrenzten Möglichkeiten der Werbung und Reklame wurde besonders durch die amerikanischen Werbefachleute gestärkt und in Deutschland gern aufgenommen. Gilbert Hodges, Präsident des Advertising Club of New York, beeindruckte die Anwesenden mit folgendem kühnen Statement: »Wir leben im Zeitalter der Reklame. Reklame ist teils Wissenschaft, teils Kunst. Sie ist Aladins Wunderlampe, welche ungeahnte Reichtümer herbeizaubert. Sie hat den Reichen das Alleinrecht auf Luxus genommen. Auf allen Gebieten der Industrie wirkt sich die Werbung aus. Fabrikanten und Arbeitgeber haben ... ihren Vorteil; die größere Produktion ihrer Arbeiter ermöglicht ihnen, noch nie dagewesene Löhne zu bezahlen, und zwar in einem Ausmaß, das noch vor einem viertel Jahrhundert als phantastisch und ruinös bezeichnet worden wäre. Sie können das tun, weil sie wohl wissen, daß die Werbung ihren magischen Einfluß auf die Löhne ausübt. Der Großteil dieses Geldes bleibt ja doch nur vorübergehend in den Händen der Arbeitnehmer, da es nach kurzer Frist für Notwendigkeiten und Luxusartikel in die

Amerikanische Werbung der Zwanziger Jahre. Entwurf: Helen Dryden

Warenhäuser wandert. Und da die Geschäfte mit großer Schnelligkeit ihre Waren umsetzen, werden die Bestellungen beim Erzeuger immer häufiger und größer. Dieses durch Werbung angeregte, verstärkte Kaufen hat Massenproduktion zur Folge. Massenproduktion erniedrigt die Preise und erhöht die Löhne. Hohe Löhne vergrößern die Kaufkraft der Massen und so ist, wie wir sehen, der Kreislauf geschlossen.«[16]

Damit die an der amerikanischen Werbung orientierten deutschen Werbefachleute die »weitragenden Pläne« dieser Vision von Hodges realisieren konnten, sollten zunächst einmal − sehr deutsch − die Grundlagen im Ausbildungswesen von Werbefachleuten geschaffen werden. Denn »... in den ersten Jahrzehnten mußte die Ausbildung und Bildung des Werbefachmanns der eigenen Initiative und dem Zufall überlassen bleiben. Neben einer Reihe von Spitzenleistungen«, so gesteht der DRV seinen Tagungskollegen, »blieb der Durchschnitt unbefriedigend.«[17]

Ziel war, eine Werbeschule einzurichten, die, beginnend mit der gewerblichen Fachschule und abschließend mit der fachlichen Ausbildung an einer Hochschule und dem Diplom des Werbefachmannes, eine einheitliche Ausbildung gewährleisten sollte. Gedacht war dabei weniger an ein Studium, als vielmehr an eine Art polytechnischer Ausbildung, die die Schüler in zwei Jahren in Tageskursen zu Werbefachleuten qualifizieren sollte. Für die Weiterbildung zum »Werbeleiter« größerer Betriebe sah der DRV viersemestrige Kurse an wissenschaftlichen Hochschulen vor. Als »Spitze des werblichen Bildungswesens« sahen die 15 führenden deutschen Mitglieder des Reklame-Verbandes die geplante Einrichtung eines »Werbewissenschaftlichen Forschungsinstitutes« an.[18] Vorgesehen waren werbewissenschaftliche und werbepsychologische Forschungsabteilungen, eine Auswertungsstelle für internationale Schriften der wissenschaftlichen Fachwelt zur Werbung, die systematische Sammlung der Fachliteratur und ein Archiv für Werbung. Davon versprachen sich die deutschen Werber, über reale politische Hintergründe hinwegsehend, eine entscheidende Verbesserung ihrer Situation und ihres nicht immer allzu guten Rufs in Bevölkerung und Industrie. »Eine Verbreiterung unserer Fachbildung wird auch eine Vertiefung des Gefühls der Verantwortung zur Folge haben und zur organisatorischen Lösung all der Probleme führen, die unter Wahrheit und Ethik in der Werbung zusammengefaßt werden.«[19]

Doch ging es den Werbern um mehr als nur um »Wahrheit und Ethik«; sie wünschten, nicht zuletzt aus der Erfahrung einer Vermischung von politischer Propaganda und Produktwerbung in

Berlin, 1928

den zwanziger Jahren, die Anerkennung in den Entscheidungsgremien des Staates. Um die »Bedeutung der Werbung in der Wirtschaft und Politik«, die »in Deutschland zur Genüge erkannt worden ist«, zur Geltung zu bringen, sollten die wesentlichsten Organisationen des deutschen Werbewesens zur Vertretung in »den amtlichen und privatwirtschaftlichen Körperschaften« zugelassen werden, z.B. im Reichswirtschaftsrat oder den Handelskammern. Auf staatlicher Ebene sollten geschulte Werbefachleute in wirtschaftlichen und politischen Fragen vom Reichsinnen- und Außenministerium zu Rate gezogen werden.[20]

Zusammenfassend läßt sich über die Aufgabenstellung der deutschen Werber auf dem Welt-Reklame-Kongress 1929 sagen, daß sie hauptsächlich auf die Konsolidierung der Werbung als anerkannten, wenn auch nicht unbedingt seriösen Berufszweig zielte. Besonders das Ausbildungsvorhaben einer Werbefachschule war darauf ausgerichtet, denn die Werbung, in der Mehrzahl ihrer Fälle war damit die Anzeigenwerbung gemeint, litt unter dem Stigma der angeblich – vielleicht auch tatsächlich – skrupellosen Überrumpelungswerbung. Die Haltung der potentiellen Konsumenten und der Werberezipienten gegenüber der massenhaft auftretenden Werbung war vermutlich ambivalent. Nicht selten geschah es, daß in der Werbung eines Unternehmens Produktvorteile versprochen wurden, die niemals eingehalten werden konnten; daran hat sich bis heute nicht viel verändert. Auf der anderen Seite stand gewiß auch die Faszination groß aufgemachter Werbeanzeigen und natürlich die Neonwerbung, die in den Großstädten dominierend wurde.

Was die Dadaisten unmittelbar nach dem Krieg intelligent und ironisch für ihre Kunst in Anspruch nahmen: »Unsere Reklame ist skrupellos«, bezog sich auf die überbordende Flut der von der Werbung entwickelten Warenzeichen, Slogans und Produktkürzel, die jetzt überall auftauchten und die in den zwanziger Jahren ganze Straßenzüge und Plätze in reine Werbeflächen verwandelte. Ob in der Luft, zu Wasser und am Boden, Reklame war überall, gereichte ihr aber nicht immer zum Vorteil. Sie geriet zum Gegenstand der öffentlichen Kritik und rief Ressentiments gegen die Betreiber hervor. Damit sollte jetzt Schluß gemacht werden.

Der Deutsche Reklame-Verband setzte sich daher schon früh gegen unlautere Werbung ein, denn nicht zuletzt fiel das enttäuschte Vertrauen der Käufer wieder auf die Werbung zurück. Nur kurz soll an dieser Stelle angemerkt werden, daß die Nationalsozialisten vor und nach 1933 immer wieder die angeblich »marktschreierische Werbung des Wirtschaftsliberalismus« der zwanziger Jahre zum Vorwand nahmen, um gegen die jüdische

Außenwerbung 1928

Neonreklame, Berlin, 1923

Beteiligung an der Werbegestaltung sowie gegen Annoncenexpeditionen mit jüdischen Eignern zu agitieren. Dies war aber gewiß nicht der ausschlaggebende Grund für die Spitzenorganisationen der Werbewirtschaft, gegen den unlauteren Wettbewerb anzugehen, der eben aus ihren eigenen Reihen kam. Ihnen ging es um die Anwendung wissenschaftlicher Erkenntnisse auf das eigene Berufsfeld, ebenso wie sich die industrielle Produktion schon seit längerer Zeit der wissenschaftlichen Forschung zur Förderung der Produktionskapazitäten bediente. Herausragendes Beispiel hierfür ist die Anwendung von Sozialwissenschaften und Psychologie in Amerika; das Taylor-System zur Rationalisierung des Produktionsablaufs beruht darauf. Die Arbeiten Max Webers in Deutschland, z.B. die Studie zur Psychosomatik der industriellen Arbeit (1909), verweisen ebenfalls auf diese Methodik und mögliche Anwendungspraxis.

Zwar gab es eine Reihe fachlich recht guter Reklamehandbücher, wie die von E. Lysinski, Findeisen, G. Lazarus, Mataja oder H. Behrmann, um nur einige zu nennen, doch nutzten die Werber diese Erkenntnisse nicht systematisch. Der DRV versprach sich allerdings von einer geplanten Verwissenschaftlichung der Werbung zu viel. So erhob er die Forderung auf dem Kongress, daß recht bald mit der Einrichtung von »psychotechnischen Laboratorien«[21] begonnen werden sollte. Solche Institutionen sollten sich »nicht nur mit rein theoretischen Arbeiten und Prüfungen abgeben, sondern würden sich auch gleichzeitig der Fachwelt zur Verfügung stellen zur Prüfung von Werbesachen ...«. Dabei könnte, so die vage Hoffnung der Werber, »... die Werbewissenschaft eine bis jetzt nicht gesehene Bereicherung erfahren und gestützt darauf auch den Männern der Praxis wertvolles und kritisches Wissen und damit wertvolles Arbeitsgerät in die Hand geben. Im Laufe der Zeit würde sich damit eine außerordentliche Hebung der gesellschaftlichen Stellung und der allgemeinen Bildung sowie der Erfolgssicherheit unseres Standes ergeben, die letzten Endes nicht ohne Einfluß auf das ganze deutsche Wirtschaftsleben sein könnte.«[22]

Die Praxis sah dann aber ganz anders aus, vor allem wegen der wirtschaftlichen Entwicklung Ende der zwanziger Jahre.

Die verbleibenden zweieinhalb Jahre bis zur Machtübernahme der Nationalsozialisten gewährleisteten der deutschen Werbung keine »normale« Entwicklung mehr, denn schon recht bald bekam es die Wirtschaft mit den Auswirkungen der Krise zu tun, stieg die Arbeitslosigkeit rapide an. Die Pläne des Reklame-Kongresses verschwanden vorerst in Schubladen. Die politische Auseinandersetzung zwischen linken und rechten Positionen, in den zwanziger Jahren latent vorhanden, verschärfte sich zusehends und führte zu Entwicklungen, an denen die Reklame nicht völlig unschuldig war. Was sich mit der Monopolisierung der Presse und Anzeigenagenturen durch den Hugenberg-Konzern schon wenige Jahre vorher andeutete, kam nun zum Ausbruch. Die national-reaktionären Kreise, die sich schon nicht mit dem verlorenen Krieg abfinden konnten, sammelten sich, zunächst noch zögerlich, dann aber immer rascher, um die NSDAP. Nicht selten spielte dabei die sich in der Werbung besonders abzeichnende Kluft zwischen versprochenem Wohlstand und gesellschaftlicher Realität eine Rolle. Mit Blick auf den ständisch orientierten Mittelstand wurde die massive Reklame der vergangenen Jahre angegriffen; sie zerstöre die nationale deutsche Identität durch ungehemmte Konkurrenz in Handel und Verkauf, hätte deutsche Interessen, gerade die des Mittelstandes, internationalen Kapitalinteressen preisgegeben. Die Forderung nach staatlichen Eingriffen zum Reglement der Werbung wurde laut, um, wie man glauben machen wollte, »Moral und sittliches Empfinden« nicht weiter durch Reklame verletzen zu lassen. Solcherlei Angriffe waren immer verbunden mit Attacken gegen jüdische Annoncenfirmen. Von sozialistischer und kommunistischer Seite sah man in der Reklame das Sinnbild des moralisch verwerflichen und ausbeuterischen Charakters des Kapitalismus. Beide Seiten ließen sich aber durch ihre Kritik nicht davon abhalten, in ihrer jeweiligen politischen Agitation und Propaganda auf die Mittel der Werbung zurückzugreifen. Die gezielte Anwendung von Reklamemethoden, besonders in der politischen Propaganda der Nationalsozialisten, ist eindeutig nachzuweisen.

Werbung im Völkischen Beobachter, März 1932

Gemeinschafts-Inserat der Wirtschafts-Gruppe »Brauerei« von 1936

Sicherlich hatte die Werbung in den Jahren zuvor die Rezeptionsweise der Bevölkerung verändert. Die stetige Präsenz griffiger Schlagzeilen und Metaphern, von Produktkürzeln, Signets, psychologischen Verkaufstaktiken, millionenfachen prägnanten Werbeanzeigen über Jahre hinweg mußte Folgen haben. Parteien bedienten sich der wirkungsträchtigen Begriffe und Bilder aus der Reklame, um sich damit einen größeren Zulauf zu sichern. Zeitweise verwischten sich die Unterschiede zwischen Produktwerbung und politischer Propaganda; das zeichnet auch heute nicht selten die Wahlkämpfe aus. Besonders raffiniert und, wenn man so will, modern gingen dabei die Nationalsozialisten vor. »Ursachen für Struktur und Erfolg der nationalsozialistischen

Propaganda und Propagandakunst liegen ... primär darin, daß die Reklame ihr schon den Weg bereitet hatte.«[23] Zwar nutzten auch andere Parteien zu früheren Zeitpunkten Reklamepraktiken für ihre Ziele, dies war auch keine allein deutsche Erscheinung, doch brachten die Nationalsozialisten es hier zu einer ungeheuren Perfektion. Sie integrierten die Propaganda in ihr politisches Kampfprogramm, mehr noch, die politische Propagandaarbeit wurde zentrales Mittel zur Eroberung der politischen Macht. Sie ließen dabei fast nichts unberücksichtigt – von der Wahl der Hakenkreuzflagge, der ständigen Wiederholung bestimmter Slogans bis zur industriellen Symmetrie ihrer Aufmarschordnungen. Ähnlich den Zweigniederlassungen der großen Annoncenexpeditionen richteten sie ab 1930, über das Reichsgebiet verteilt, in den Städten kleinere Propagandaabteilungen ein, um die »Werbemethoden zu studieren und sie für uns auszuwerten...«.[24] Sicher läßt sich sagen, daß die Nationalsozialisten damit an Seh- und Rezeptionsgewohnheiten der Bevölkerung anknüpften. Doch war die Propaganda nur ein Mittel, ein anderes war der Terror. Erst diese Kombination, wie ja die Jahre nach 1933 bewiesen, war dazu in der Lage, den Erfolg zu sichern. Der Reklame oder Werbung konkret hier vorzuwerfen, sie allein hätte als Wegbereiterin gedient, vernachlässigt vergleichbare Entwicklungen in anderen Ländern. Weitaus intensiver als in Deutschland bis 1933 gekannt war die Werbung in Amerika oder England. Es mußten also noch andere Faktoren in Deutschland wirksam gewesen sein, die die diabolische Integration der Reklametechniken in die Ziele der Diktatur ermöglichten.

Fatal wirkte sich jedoch – dies konnten die Mitglieder des DRV noch nicht ahnen, als sie beim Berliner Kongress tagten – die Forderung nach Einflußnahme der Werber in den Gremien des Staates und der Wirtschaft aus. Gerade diese Forderung verwirklichte der Nazistaat noch in den ersten Monaten seiner Herrschaft, allerdings anders, als sich die Werber dies vorstellten.

Schon im September 1933 waren die alten Berufsverbände fast gänzlich aufgelöst, wurden die Werber durch die Zwangsmitgliedschaft in den NS-Vereinigungen in die »Pflicht« genommen. Jetzt sollte »deutsche Wesensart in der Werbung« durchgesetzt werden. Viele Werbefachleute hatten nun, aus politischen oder »rassischen« Gründen, keinerlei Chancen mehr, eine Arbeit zu finden, wurden aus ihren Stellungen gekündigt oder nach und nach herausgedrängt. Insofern waren die 1929 auf dem Welt-Reklame-Kongress geäußerten Hoffnungen auf eine bessere Entwicklung zugleich die letzte Möglichkeit, zumindest für die anschließenden 14 Jahre, vor einem internationalen demokratischen Forum seine Meinung öffentlich zu sagen.

WERBUNG IM NS-STAAT

Das von der Hitlerregierung am 12. September 1933 beschlossene Gesetz über Wirtschaftswerbung stand im Zusammenhang mit einer Vielzahl von Gesetzen und Verordnungen, die der NS-Staat seit dem 30. Januar erlassen hatte. Die Ausdehnung des totalitären Machtanspruches des Nationalsozialismus in allen Bereichen und kleinsten Verästelungen von Gesellschaft, Politik und Ökonomie begann mit dem »Gesetz zur Behebung der Not von Volk und Reich«, dem sogenannten Ermächtigungsgesetz, das Hitler am 23. März 1933 in den Reichstag einbrachte und verabschieden ließ. Dieses Gesetz sicherte der Exekutive auch die legislative Macht und scheinlegalisierte nur noch den längst verhängten Ausnahmezustand. Die in den Wochen zuvor schon betriebene Verfolgung von Sozialdemokraten, Kommunisten und – aus »rassischen« Gründen – Juden erhielt in der folgenden Zeit ihre gesetzliche Absicherung.

Besonders der Zugriff auf die Medien, von Goebbels forciert und schon Jahre vorher eingeleitet, sollte eine maximale Breitenwirkung der NS-Propaganda und -Agitation sichern. So unterstellte Goebbels auch am 22. März 1933 die Überwachung des Rundfunks seinem Ministerium; die bisherigen Instanzen, das Reichsinnen- und Postministerium, waren damit völlig ausgehebelt.

Mit dem Reichskulturkammergesetz vom 22. September erfaßte Goebbels alle Berufszweige, die im kulturellen, öffentlichen und künstlerischen Leben tätig waren, alle jene, die mit den Medien in Berührung standen und die der NS-Staat für seine Ziele nutzen wollte. Gemäß § 1 des Reichskulturkammergesetzes wurden errichtet: Reichsschrifttumskammer; Reichspressekammer; Reichsrundfunkkammer; Reichstheaterkammer; Reichsmusikkammer; Reichskammer der bildenden Künste.

Das »kulturpolitische Ermächtigungsgesetz« erlaubte dem Propagandaminister, willkürlich Rechtsverordnungen und Erlasse – die einzelnen Bereiche betreffend – durchzusetzen. Damit war ein entscheidender Schritt zur sogenannten »Neuordnung Deutschlands« vollzogen.

Die »Gleichschaltung« der Presse auf das NSDAP-Programm, abgestützt durch die staatliche Macht, drückte sich besonders in der Tätigkeit der Reichsschrifttums- und der Reichspressekammer aus. Formaljuristisch waren diese – wie die anderen Kammern – »Körperschaften des öffentlichen Rechts«. Doch ließ schon die »Erste Verordnung zur Durchführung des Reichskulturkammergesetzes vom 1. November 1933« keinen Zweifel daran entstehen, welche Ziele die Nationalsozialisten im Auge hatten.

Im § 3 heißt es dort: »Die Reichskulturkammer hat die Aufgabe, ... unter Führung des Reichsministers für Volksaufklärung und Propaganda die deutsche Kultur in Verantwortung für Volk und Reich zu fördern, die wirtschaftlichen und sozialen Angelegenheiten der Kulturberufe zu regeln ...«

Im § 10 derselben Verordnung wurde das Selektionsprinzip zur Mitgliedschaft in der Reichskammer festgelegt: »Die Aufnahme in eine Einzelkammer kann abgelehnt oder ein Mitglied ausgeschlossen werden, wenn Tatsachen vorliegen, aus denen sich ergibt, daß die in Frage kommende Person die für die Ausübung ihrer Tätigkeit erforderliche Verläßlichkeit und Eignung nicht besitzt«.

So sollte – und wurde – die Vasallentreue der Mitglieder der Reichskulturkammer gegenüber dem Nazistaat gesichert. Hinzu kam, daß nur diejenigen ihren bisher ausgeübten Beruf weiterführen konnten, die sich zur NSDAP bekannten, deren Mitglieder wurden oder aber sich ein Maximum an Loyalität gegenüber der Partei auferlegten. Allerdings stand für eine nicht geringe Zahl der jetzt eingetretenen Mitglieder, darunter auch viele jüdische Künstler, der Druck eines möglichen Berufsverbotes im Vordergrund. Erst in den kommenden Jahren wurden diese sukzessive aus den verschiedenen Kammern ausgeschlossen. Alte Berufsverbände wurden aufgelöst oder von den Nazis majorisiert, Juden aus ihren Ämtern und Positionen entlassen. Redakteuren – die jetzt Schriftleiter hießen, weil Redakteur angeblich einen jüdischen Anklang hatte – wurde gekündigt oder damit gedroht, so sie nicht mit den Zielen des Staates übereinstimmten. Betroffen waren aber auch alle Schriftsteller, »... Setzer und Metteure, Buch- und Zeitungsverleger, wie Buch- und Zeitungsverkäufer, Sänger, Musiker, Souffleure, Kinobesitzer und Platzanweiser«.[1]

Die Besetzung der Vorstände der einzelnen Kammern auf oberster, mittlerer und unterster Ebene erfolgte administrativ durch den Propagandaminister bzw. seine Vertreter. Bei diesem organisatorischen Aufbau führte sich natürlich auch die formaljuristische Stellung der Kammer als Körperschaft des öffentlichen Rechts ad absurdum.

Neben der Reichskammergesetzgebung diente den Nationalsozialisten das »Gesetz über Wirtschaftswerbung« vom 12. September 1933 als zweites zentrales Hilfsmittel zur Erfassung und Steuerung des Erscheinungsbildes des NS-Staates nach außen und innen. Erstmalig wurde damit die Werbung in Deutschland, die ab jetzt offiziell Wirtschaftswerbung hieß, mit einem eigenständigen Gesetz erfaßt und kontrolliert. Die Ausformulierung und Interpretation sollte dem Werberat der deutschen Wirtschaft überlassen werden.

Das Gesetz über Wirtschaftswerbung vom 12. September 1933

»Die Reichsregierung hat das folgende Gesetz beschlossen, das hiermit verkündet wird:

§ 1

Zwecks einheitlicher und wirksamer Gestaltung unterliegt das gesamte öffentliche und private Werbungs-, Anzeigen-, Ausstellungs-, Messe- und Reklamewesen der Aufsicht des Reichs. Die Aufsicht wird ausgeübt durch den Werberat der deutschen Wirtschaft.

§ 2

Die Mitglieder des Werberates werden vom Reichsminister für Volksaufklärung und Propaganda im Einvernehmen mit den zuständigen Fachministern berufen. Der Werberat untersteht der Aufsicht des Reichsministers für Volksaufklärung und Propaganda, die im Einvernehmen mit den für die Wirtschaftspolitik zuständigen Reichsministern ausgeübt wird.

§ 3

Wer Wirtschaftswerbung ausführt, bedarf einer Genehmigung des Werberates. Der Werberat kann die Erteilung der Genehmigung von der Erhebung einer Abgabe abhängig machen, deren Höhe durch die Verordnung des Reichsministers für Volksaufklärung und Propaganda und des Reichsministers der Finanzen festgesetzt wird. Die Genehmigung kann an weitere Bedingungen geknüpft werden. Der Werberat kann für bestimmte Fälle der Eigenwerbung Ausnahmen vom Genehmigungszwang festsetzen.

§ 4

Der Reichsminister für Volksaufklärung und Propaganda gibt dem Werberat im Einvernehmen mit den für die Wirtschaftspolitik zuständigen Reichsministern eine Satzung. Der Reichsminister für Volksaufklärung und Propaganda ernennt den Präsidenten des Werberates und bestellt die Geschäftsführer.

§ 5

Unberührt bleiben die Zuständigkeit des Auswärtigen Amtes, des Reichswirtschaftsministers, des Reichsministers für Ernährung und Landwirtschaft und des Reichsministers der Finanzen auf dem Gebiet der Wirtschaftspolitik einschließlich des wirtschaftlichen Nachrichten- und Auskunftswesens.

§ 6

Der Reichsminister für Volksaufklärung und Propaganda kann im Einvernehmen mit den für die Wirtschaftspolitik zuständigen Reichsministern Bestimmungen zur Durchführung des Gesetzes erlassen.

Berlin, den 12. September 1933

Der Reichskanzler
Adolf Hitler

Der Reichsminister für Volksaufklärung und Propaganda
Dr. Goebbels«

Werbung für die Mitgliedschaft in der NSDAP von Hermann Witte, um 1934

Der zentrale Gedanke, der dem Gesetz vorausging, war die Erkenntnis der Nazis, daß die gesamte Werbung, ob privat oder staatlich organisiert, nicht nur ein Wirtschaftssektor war, der die Nachfrage der Verbraucher nach Produkten oder Dienstleistungen bestimmt bzw. beeinflußt, sondern daß sich hier ein vitaler und potenter Bereich befand, der für das Wirken der nationalsozialistischen Propaganda nutzbar gemacht werden konnte. Hitlers Vorstellungen über Inhalt und Ziel der Propaganda, wie er sie schon in »Mein Kampf« 1923 und 1927 darlegte, geben Auskunft darüber.

»Werbung ist die organisierte Anwendung von Mitteln zur Massenbeeinflussung von Menschen, sich in freier Entschließung einen dargebotenen Zweck zu eigen zu machen und sich, durch ihn bestimmt, an seiner Verwirklichung mitzubetätigen. ... Das umfassendste Wort 'Werbung', ganz allgemein gespro-

Werbung im Völkischen Beobachter, Mai 1938

chen, kann jedem wirtschaftlichen oder geistigen, geschäftlichen oder uneigennützigen, edlen oder unedlen Zweck dienstbar gemacht werden. Werbung ist immer und überall gegeben. ... Eine scharfe Abgrenzung von Seiten der Werbung, der uneigennützigen Propaganda und der eigennützigen Reklame kennt das Leben nicht. Um so weniger, als sich die Propaganda, also die Werbung für Geistiges, heute derselben Mittel zu bedienen begonnen hat wie die geschäftliche Reklame.«[2] Und was die allgemeine Beschreibung der Methode anging: »Jede Reklame, mag sie nun auf dem Gebiet des Geschäfts oder der Politik liegen, trägt den Erfolg in der Dauer und der gleichmäßigen Einheitlichkeit ihrer Anwendung.«[3] Ebenso forderte auch Joseph Goebbels 1930, fasziniert von der Reklame und ihrer angeblich so umfassenden Wirkung, »... auch wir wollen die modernsten Werbemittel in den Dienst unserer Bewegung stellen«.[4]

Sämtliche Werbung und Reklame in der Weimarer Republik wurde fast ausschließlich durch privatrechtlich organisierte Annoncenexpeditionen und Agenturen durchgeführt und gestaltet. Die kurze Historie des deutschen Werbewesens in der Zeit 1923 bis 1933 zeigte auf, welche Stellung in quantitativer, qualitativer und ökonomischer Hinsicht Werbung besaß. Der wissenschaftliche Einfluß auf eine systematisch betriebene Reklame, im Vergleich zu heutiger Werbung völlig dilettantisch und weitgehend überschätzt, zeigte aber doch Wirkung. Ohne Zweifel hatte die Werbung, hier die Produktwerbung, die Anerkennung vieler Wirtschaftsbereiche, besonders der Konsumgüterindustrie, gewonnen. Sich diesen Berufszweig zu unterstellen, war ein Ziel des Wirtschaftswerbegesetzes. Nur mit diesem neu geschaffenen Gesetz war es möglich, eine zusätzliche Instanz zu schaffen, die unmittelbar dem Propagandaministerium unterstand: den Werberat der deutschen Wirtschaft.

Damit wurde eine Möglichkeit geschaffen, die ordentlichen Gerichte und Gesetze – so noch davon gesprochen werden konnte – (z.B. das gegen den unlauteren Wettbewerb, das ja schon seit 1907 bestand), zu umgehen. Für die Gerichte, die sich bis dahin mit Wettbewerbsverstößen beschäftigten, bedeutete das neue Wirtschaftswerbegesetz, eine zweite Kontrollinstanz akzeptieren zu müssen.

Im wesentlichen umfaßten die Paragraphen des Wirtschaftswerbegesetzes zwei Bereiche:

1) Die Unterwerfung des gesamten Werbewesens. Die im § 1 verwandte Formulierung »... das gesamte öffentliche und private Werbungs-, Anzeigen-, Ausstellungs-, Messe- und Reklamewesen ... [unterliegt, A. d. V.] der Aufsicht des Reichs« setzte die grundlegenden demokratischen Rechte der – auch gewerblich nutzbar gemachten – freien Meinungsäußerung außer Kraft. Die Aufsicht wurde konkretisiert durch die Institution, die dieselbe auszuführen hatte: den Werberat. Der unterwarf damit Subjekt und Objekt der Werbung seiner Kontrolle.

2) Der Werberat: ein Instrument des Reichspropagandaministeriums. Das Reichspropagandaministerium behielt sich im § 2 vor, die Mitglieder des Werberates zu berufen. Erst in zweiter Linie wurde das Einvernehmen mit den weiteren Fachministerien anderer Ressorts angeführt. Damit sicherte sich Goebbels die Oberaufsicht über den Werberat, verhinderte zugleich mögliche Kompetenzstreitereien und Interventionen in »sein« Gebiet. Deutlich wird dies auch im § 4, wonach der Propagandaminister die Satzung des Werberates bestimmen sollte. Ebenfalls in diese Richtung weist der § 6, der Goebbels die einzelnen Bestimmungen zur Durchführung des Gesetzes garantierte.

Die exponierte Stellung des Werberates innerhalb des Wirkungsbereiches des Propagandaministers wird deutlich an der

Abschlußtagung »Die Deutsche Werbung« in der Kroll-Oper, 1936. Mitte: Richard Künzler, NSRDW

ihm durch § 3 zugeschriebenen Kompetenz: »Wer Wirtschaftswerbung ausführt, bedarf der Genehmigung des Werberates.« Diese willkürliche Genehmigungspflicht verschlechterte die Existenzbedingungen für dem Regime nicht loyal gegenüberstehende Werbungstreibende.

Zwar verzichtete der Werberat in den ersten drei Jahren darauf, Juden explizit von der Werbung auszuschließen (was nicht bedeutete, daß zahlreiche jüdische Unternehmungen nicht dennoch bald unter Druck gerieten und ihre Firmen aufgaben), er ließ jedoch 1936 durch die Reichsfachschaft deutscher Werbefachleute (NSRDW) die »Deutschblütigkeit« als Mitglieds- und Arbeitskriterium aufnehmen. Sichtbar wird die Gängelung der Werbungstreibenden (Hermann Wündrich spricht hier vom »Zwangskartell«, welches, »... ohne daß irgendein Widerspruch zu verzeichnen gewesen wäre«[5], errichtet werden konnte) auch an der finanziellen Abgabepflicht aller in der Werbung arbeitenden Selbständigen an das Reichspropaganda- und das Reichsfinanzministerium. Zahlreiche Genehmigungsentziehungen erfolgten schon 1934 auf Grund nicht abgeführter Abgaben.

So zielte das Wirtschaftswerbegesetz auf die Instrumentalisierung des Werberates und die Unterwerfung des gesamten Werbewesens. Darüber hinaus spiegelt der Gesetzestext die damalige Einschätzung der Werbung wider. Es ist wohl auf Goebbels zurückzuführen, daß der nationalsozialistische Staat sich eines Mittels – eines sehr modernen noch dazu – der Massenbeeinflussung auf verschiedenster Ebene bediente.

Die Indienststellung der noch relativ jungen deutschen Werbebranche und der damit verbundenen Personen für die Zwecke und Ziele des Nazistaates gibt Auskunft darüber, welche geistige Nähe der NS-Staat mit seinen Führungspersönlichkeiten zu den Institutionen des hochindustrialisierten Deutschland hatte. Die vielfach, auch von Wilhelm Reich aufgestellte These, der Nazistaat habe sich in seiner Massenwirkung auf atavistische und archaische Mythen und psychologische Verhaltensdispositionen gestützt, mag zu einem Teil richtig sein, soweit sie die Massenhysterie des Jubels und die ornamentalen Naziaufmärsche anspricht. Nicht, oder nur unzureichend, berücksichtigt wurde die über die Jahre 1933 bis 1942/43 wirkende Massenbeeinflussung durch völlig durchinszenierte Kampagnen der Werbestrategen, die dabei auf wirksame Methoden der der Werbung assoziierten Wissenschaften zurückgriffen. Auf der anderen Seite ist es zu einfach, und würde zudem das Individuum von seiner Eigenverantwortlichkeit entbinden, sämtliche Zuständigkeit für die traurigen Erfolge der Nazipropaganda der Reklametechnik aufzubürden; nicht zuletzt würde damit der Werbestrategie und der Werbung eine Rolle zugewiesen, die sie nicht hat, auch nicht haben konnte.

Dennoch war der Werberat, der durch das Werbegesetz geschaffen wurde, ein Zentrum der nationalsozialistischen Werbepraktiker und -theoretiker, ein Ideenpool modernster Massenverführungstechniken.

Warnung vor nicht zugelassenem Werbungsmittler

Dem Werberat der deutschen Wirtschaft wird bekannt, daß sich eine Firma Reklame-Verlag Willy Kremer, Hamburg, Heunhuber Str. 38, als Werbungsmittler für die Film- und Stehbildwerbung betätigt.

Die Firma hat den nach Ziffer 13 der 2. Bekanntmachung vom 1. November 1933 (Reichsanzeiger Nr. 256) erforderlichen Antrag auf Zulassung als Werbungsmittler nicht gestellt. Sie ist nach Ziffer 18 a. a. O. nicht berechtigt, Aufträge auf Vorführung von Film- und Diapositivwerbung zu vermitteln.

Die Firma wurde ersucht, ihre Tätigkeit sofort einzustellen. Die Entscheidung konnte der Firma jedoch nicht zugestellt werden, da sie nach Auskunft der Postanstalt unbekannt verzogen ist.

Es wird deshalb hiermit darauf hingewiesen, daß die Firma Reklame-Verlag Willy Kremer, bisher in Hamburg, Heunhuber Str. 38, nicht als Werbungsmittler zugelassen ist.

Öffentliche Denunziation von Werbungstreibenden des deutschen Werberats, 1936

VOM »GEIST DES NEUEN DEUTSCHLAND IN DER WERBUNG«

Am 30. April 1933 kommt es vormittags in Berlin zu einer Kundgebung. Staatskommissar Hans Hinkel, jetzt noch Landesleiter des »Kampfbundes für deutsche Kultur«, und Freiherr von Oberwurzer, Wirtschaftsbeauftragter der NSDAP, sind anwesend und als Redner vorgesehen für das Thema: »Deutsche Werbung für deutsche Arbeit!«.

Der Redakteur des renommierten Branchenblattes Seidels-Reklame, M. C. Schreiber, erstattet Bericht: »Beide Redner«, so Schreiber, »rissen die Anwesenden mit und gaben ihnen ein erfreulich eindeutiges unmißverständliches Bild von der grundsätzlichen Einschätzung des neuen Deutschland zu den kulturellen und wirtschaftlichen Problemen unserer Zeit! Nach der Proklamation der Werbefachleute beschloß die von Orgelmusik, den gemeinsamen Gesang der Nationalhymne und des Horst-Wessel-Liedes umrahmte Kundgebung die feierliche Verpflichtung der anwesenden Werber, sich und ihre Arbeitskraft jederzeit und uneigennützig für das Wohl der deutschen Arbeit einzusetzen, ... [denn, A. d. V.] auch in der Werbung hat der Geist des neuen Deutschland gesiegt.« In den kommenden acht Jahren sollte »... kein Platz mehr sein für gedankenlose Nachahmerei ausländischer Reklame, die nicht der deutschen Wesensart entspricht ...«.[6]

Der begeisterte Nazi-Schreiber, der im übrigen als Schriftleiter gerade vier Wochen benötigte, um sein Blatt auf Kurs zu bringen, schoß mit seinem Bericht − wie später noch häufiger − über das Ziel hinaus. Sicherlich, es war wohl die erste Kundgebung dieser Art, die für Branchenkenner stattfand, aber richtiger wurde das Gesagte dadurch auch nicht. Der »Geist des neuen Deutschland« hatte zwar die politische Macht in den Händen, aber die Werbung war noch weit davon entfernt, dem Nazistaat zu Diensten zu stehen. Das sollte allerdings später so kommen.

Und was die Nachahmung der ausländischen Reklame anging, davon kamen die deutschen Werber bis zur letzten Anzeige 1945 nicht ab. Denn problematisch gestaltete sich die Definition dessen, was denn nun eigentlich »deutsche Werbung« sei, was spezifisch an ihr sein sollte. Der Werberat plagte sich mit diesem Problem noch bis in die ersten Kriegsjahre herum.

Der im Juni 1933 von Goebbels' Stellvertreter, Walter Funk, beauftragte Ministerialrat im Reichspropagandaministerium, Hon. Prof. Dr. Heinrich Hunke, gehörte zu den bekanntesten Schöpfern des Werberates. Er war inhaltlich und organisatorisch mit den »Vorarbeiten für die Gründung einer Reichsstelle zur

Werbung der Deutschen Krankenversicherungs AG, Leipzig, 1936

Amerikanische Schuhwerbung 1928. Entwurf: Wladimir Bobritzky

Führung und Gestaltung der deutschen Wirtschaftswerbung«[7] betraut.

Während der aus Feuchtwangen kommende Pfarrersohn und Ex-Ministerialdirektor, Ernst Reichard, der erste Präsident des Werberates war, hier aber hauptsächlich der Repräsentation diente, sorgte Heinrich Hunke für die ideologische und politische Umsetzung des NSDAP-Programms auf den Bereich der Werbung.

Hunke (»... der neue Mensch muß über [die, A.d.V.] Eigenschaft der rücksichtslosen Ausrichtung auf das eine Ziel [verfügen, A.d.V.]: Deutschland, nichts als Deutschland«[8]), wurde 1902 geboren und in Detmold zum Lehrer ausgebildet, studierte dann Volkswirtschaft, Geographie, Physik und Mathematik und begann schon 1923 seine Nazikarriere. Zwei Jahre später wurde er westfälischer Kreisleiter, war seit 1928 in der NSDAP in Berlin mit Wirtschaftsfragen und zwischen 1927 und 1933 als Referent im Reichswehrministerium beschäftigt. Da der Weg dieses Mannes so außerordentlich war, sollen hier auch seine weiteren Funktionen und Ämter benannt werden.

Er amtierte unter brauner Herrschaft als: Vorstandsmitglied der Deutschen Bank, Präsident der Gauwirtschaftskammer Berlin, Wehrwirtschaftsführer, Mitglied des Reichstages, Mitglied im Verein der Berliner Kaufleute und Industrieller, Hon. Professor an der TH Berlin, Hauptlektor der Prüfungskommission zum Schutze des NS-Schrifttums, Leiter der Auslandsabteilung im Reichspropagandaministerium, Präsident des Werberates (seit 1939), Aufsichtsrat der Flughafen GmbH und der Gemeinnützigen Siedlungs- und Wohnungsbau GmbH, im Gesamtvorstand der deutschen Handelskammer in Übersee, Reichsverkehrsrat, Präsident der Südosteuropa Gesellschaft Wien, Beirat in der Gasag Berlin, in der Deutschen Reichspost und internationalen Handelskammer. Nebenbei gründete er als Herausgeber noch die Zeitschrift »Deutsche Volkswirtschaft – Nationalsozialistischer Wirtschaftsdienst«. Für frühe treue Dienste bekam er 1932 das goldene Ehrenabzeichen der NSDAP. Im niedersächsischen Kabinett Hellwege wird Heinrich Hunke im Mai 1955 Ministerialrat und Leiter der Wirtschaftsabteilung im Finanzministerium. Später bezieht Hunke seine Rente in Hannover.

Dieser Mann also gehörte 1933 zu dem Kreis von Personen – mit dabei Dr. C. von Braunmühl und Carl Hundhausen –, die mit der Definition fachspezifischer Begriffe und Inhalte, die Werbung betreffend, beschäftigt waren.

Der Werberat, der keine Mitgliedsorganisation war – dazu schuf er sich den NSRDW –, äußerte sich zu fachlichen Fragen, mit im Wortlaut gesetzesähnlicher Diktion, in Form von Bestimmungen, Bekanntmachungen und Erlassen. Bis zum 10. Januar 1938 wurden 23 Verlautbarungen verabschiedet. Hierin wurden alle Einzelfragen und Bereiche der Werbung grundsätzlich auf die Direktiven des Propagandaministers ausgerichtet. Mit einem »Mitteilungsblatt des Werberates der deutschen Wirtschaft« gab ihr Präsident Reichard die Neuigkeiten an die Werber weiter. In der ersten Ausgabe vom Januar 1934 verkündet er dann auch sogleich: »Das Gesetz über Wirtschaftswerbung ... zwingt alle im Werbewesen Arbeitenden, Werbungstreibende, Werber wie Werbemittler, sich ... öfter als früher mit den einschlägigen Gesetzen, Durchführungsbestimmungen und Bekannt-

Illustrierter Beobachter, Januar 1934

machungen über die Werbung zu beschäftigen.« Die vermutlich unter vielen Werbern entstandene Unsicherheit, was denn nun noch erlaubt war und was nicht, war nicht untypisch für den NS-Staat. So wurde z.B. auch der Begriff »Propaganda«, zumindest von Goebbels, nie klar definiert. Er subsumierte Malerei, Journalismus, Musik sowie alle bildenden und darstellenden Künste, aber auch »deutsches Volkstum«. Eine nicht klar umrissene Bedeutung eines Begriffs hatte seinerzeit den Vorteil, eine willkürliche Ausdehnung oder – wenn gewünscht – Eingrenzung vorzunehmen. Erinnert sei hier auch an den Ausspruch Görings: »Wer Jude ist, bestimme ich.«

In der von Hunke 1938 verfaßten Broschüre »Die neue Wirtschaftswerbung« kommen erstmals grundsätzliche Erwägungen zur Werbung zur Sprache. »Das Wesen der Wirtschaftswerbung ist ... am besten zu verstehen, wenn man von der Werbung im allgemeinen ausgeht ... Werbung ist eine der Urformen des Wirkens. Die andere ist der Zwang. Und zwar ist Werbung jede Beeinflussung eines anderen, die ihn 'zwingt', freiwillig etwas zu tun, zu handeln oder auch zu erleiden.

Wirtschaftswerbung ist daher jedes Wirken und Bestreben, das den Mitmenschen veranlaßt, wirtschaftliche Leistungen zu erwerben oder auch zu vollbringen.

... Wirtschaftswerbung [ist, A. d. V.] mit allen Bereichen des wirtschaftlichen Lebens und ... des völkischen Lebens aufs engste verknüpft... Zur Wirtschaftswerbung gehören:
a) die geschäftliche Werbung, d.h. die werbende Betätigung der Erwerbswirtschaften, und
b) die öffentliche Werbung in Gestalt der volkswirtschaftlichen Aufklärung, die sowohl im privaten Interesse als zur Erreichung volkswirtschaftlicher Ziele durchgeführt wird.«[9]

Hauptsächlich legt Hunke Wert auf die Verquickung des »wirtschaftlichen Lebens« mit dem »völkischen Leben«. Die Zusammenfügung dieser beiden Bereiche, die die neue Moral der Wirtschaftswerbung ausmachen sollte, entspricht der durch die Nationalsozialisten vertretenen Ideologie von der Interessenidentität von Staat und Gesellschaft. »Arbeiter und Bürger, hoch und niedrig, Unternehmer und Untergebener, jetzt sind die Unterschiede verwischt, nur ein deutsches Volk ...«, so Goebbels auf der Veranstaltung zum 1. Mai 1933 in Berlin. Doch das waren nur Phrasen zur Sättigung des Volksgemeinschaftsgefühl. Gleichzeitig mußte sich der Werberat davon wieder abgrenzen, um sich der Industrie und der gesamten Wirtschaft als leistungsbezogene Organisation anzubieten.

Ohne Zweifel sollte die Effektivierung der Wirtschaft auf die Kriegsvorbereitung hin die wichtigste Aufgabe des Werberates

Bleyle-Werbung, um 1935

Abbildung Seite 35: Waschmaschinen-Reklame, Entwurf: Kupfer-Sachs, 1928

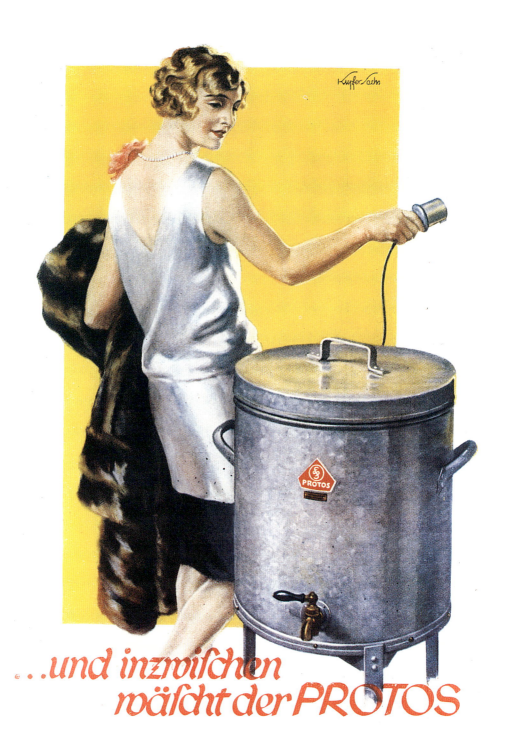

sein. Um solche Pläne zu rechtfertigen, dichtete Hunke an einem ideologischen Programm. Wenn dies hier relativ ausführlich zitiert wird, so deshalb, weil hierin ein guter Einblick in die scheinphilosophische Legitimationsweise der Nazis gegeben wird:

»Die erste Erkenntnis ist die Tatsache der Ungleichheit der Menschen, die sich sowohl in ihrer Fähigkeit zum Schaffen von Werten und Gütern wie auch in ihrer Befähigung zum Verwalten derselben ausdrückt. Es müßte − so lehrt es die Erfahrung − eine ungeheure Vergewaltigung bedeuten, wenn die ungleichen Fähigkeiten der Menschen gleichbewertet und demgemäß in ein Schema gepreßt werden sollen. Entweder würden die aktiven Kräfte über kurz oder lang die Fesseln sprengen, oder aber

Anzeige, November 1937

der große Motor der menschlichen und wirtschaftlichen Gemeinschaft, die Schöpferkraft des einzelnen, die sich nur auswirken kann, solange ein Spannungsunterschied im Organismus des Volkes vorhanden ist, würde zum Stillstand kommen. Die Tatsache der Ungleichheit der Veranlagungen und Fähigkeiten läßt sich nicht beseitigen. Infolge dessen muß auch das natürliche Prinzip der Schaffensfreiheit erhalten bleiben.

Völkischer Beobachter, Mai 1935

Abbildung Seite 39: Zeitschriften-Titel, 1933

REKLAME — DER SCHLÜSSEL ZUM WOHLSTAND DER WELT!

KONGRESSBÜRO: BERLIN W8 KANONIERSTRASSE 29/30 IM HAUSE DER DEUTSCHEN BANK

WELT=REKLAME=KONGRESS
BERLIN 1929
11.–15. AUGUST

Die zweite Erkenntnis ist die, daß an den Leistungen des einzelnen begnadeten Kopfes auch die Betriebs- und Volksgemeinschaft nicht unbeteiligt ist. Die ganze Entwicklung der Menschheit hat dahin geführt, daß jeder einzelne sowohl die Errungenschaften der Vergangenheit wie die Kräfte seiner Mitmenschen benutzen muß, um etwas Großes zu vollbringen. Wie eng der einzelne mit dem ganzen verbunden ist, ist uns heute so selbstverständlich geworden, daß sich ein Beweis, der leicht tausendfältig zu erbringen ist, erübrigt. Aus dieser zweiten Erkenntnis ergibt sich die Folgerung, daß über dem freien Spiel der Kräfte die Tatsache der Betriebs- und Volksgemeinschaft nicht vergessen werden darf.

Die dritte Erkenntnis betrifft das Ausleseprinzip. Wir alle wissen, daß die Auslese zu allen Zeiten das allerschwierigste Problem gewesen ist, daß sie zugleich aber über den Charakter der Gemeinschaft entscheidet. Es muß das höchste Ziel einer sozialistischen (sic) Gesellschaft sein, jedweden Volksgenossen an die Stelle zu bringen, wofür er eine innere Veranlagung besitzt. An dieser Stelle kann er seinem Volke und sich selbst am meisten nützen. Nicht Geld, nicht Stand und Beruf dürfen entscheiden über diesen Einsatz, den Aufstieg des Menschen, sondern alleine seine Leistung. So will es die nationalsozialistische Bewegung, so will es der neue Staat.«

Das alles, auf die Werbung bezogen, lautete dann:

»... Nicht Wettbewerb gegen den anderen, sondern Werbung für sich selbst und die eigene Leistung wird die Losung der Wirtschaft. Es stirbt dann die feige Moral, daß der Verlust des anderen naturnotwendig der eigene Gewinn und der Gewinn des anderen der eigene Verlust sein müsse. Werbung für die eigene Leistung aber ist der Tod des unlauteren Wettbewerbs.«[10]

Diese Ausführungen, fünf Jahre nach der Machtübernahme, stellen eine vorläufige Essenz der auf die Werbung angewandten Ideologie des Nationalsozialismus und der Erfahrungen des Werberates dar. Die überdeutliche Hervorhebung der Rolle des Wettbewerbs und seiner letztlichen Unterordnung unter die Werbung allgemein wies auf ein zentrales Problem der Anfangsjahre hin: die wirtschaftliche Entwicklung nahm nicht den gewünschten Aufschwung. Im Dezember 1933 betrug die Zahl der Arbeitslosen immer noch 4 Millionen, die Ausnutzung der Arbeitsplatzkapazität belief sich im Januar 1934 auf knapp 50 Prozent.[11]

Hinzu kamen die großen Exportprobleme der deutschen Wirtschaft, die bis zum Kriegsausbruch — und dann erst recht — eine wichtige Rolle spielen sollten. Nur geringfügig wirkte sich da der Boykott deutscher Waren im Ausland aus, besonders durch

Anzeige der
Vereinigten-
Verkehrs-
Reklame
Berlin, 1939

die USA, Frankreich, die Niederlande und England, die Hitler auf das Wirken emigrierter jüdischer Industrieller in diesen Ländern zurückführte. Auch die Werbung für Wirtschaftsgüter allgemein, so mußte Hunke zugeben, lag im Jahr 1936 »... etwa ein Drittel unter dem Stand von 1929.«[12]

Der rapide Rückgang im Anzeigengeschäft machte sich so stark bemerkbar, daß die Reichspressekammer und die Zeitungsverleger im Oktober 1935 einen Rundbrief mit Fragebogen verschickte, mit dem festgestellt werden sollte, ob die »Anzeigenmüdigkeit arischer Geschäfte« etwas mit dem jetzt schon festzustellenden »Ausfall jüdischer Anzeigen« zu tun hätte.[13]

Hunke sprach offen von einer »Krise der Werbung« und einer »allgemeinen Werbemüdigkeit« für diese Zeit.[14]

Der Widerspruch, in dem sich die Definitionsversuche des Werberates zum Begriff der Wirtschaftswerbung befanden – zwischen einer sich frei entwickelnden Werbewirtschaft, die die freie Konkurrenz voraussetzt, und einer reglementierten staatsgelenkten totalitären Wirtschaftsführung ließ sich in der Praxis nicht auflösen. Diese Erkenntnis freilich hatte Hunke nicht, auch wenn sie in seinen Ausführungen vage durchschimmerte. »Die neue Werbung und den neuen Wettbewerb kann man nicht allein durch die Verordnungen erzwingen, man würde eher die Wirtschaft durch bürokratische Verordnungen ersticken und den Leistungswettbewerb abtöten, als alles regeln zu können. Wer von der Bedeutung der Werbung überzeugt ist, wird selbst in erster Linie nicht den Zwang, sondern die Werbung einsetzen.«[15] Doch dafür war es, und niemand wußte es besser als der Werberat, längst zu spät. Erschreckend stellten die Oberwerber Hitlers fest, wie sie die Branche mit ihrem ganzen Regelwerk zwar fest in der Hand hatten, diese aber ihre alte Effektivität und vor allem Flexibilität einbüßte.

Dezember 1937

UNTER DOPPELTER KONTROLLE: DER WERBERAT UND DIE GERICHTE

Die von Hitler am 30. Juni 1933 erlassene »Verordnung über die Aufgaben des Reichsministeriums für Volksaufklärung und Propaganda« bezog die Bereiche »Wirtschaftswerbung, Ausstellungs-, Messe- und Reklamewesen ... und die Verkehrswerbung ...« mit in das Ministerium ein. Organisatorischer Ausdruck dieser Festlegung war der Werberat.

Seine Rechtsform erhielt der Werberat in der Zweiten Verordnung des Gesetzes über Wirtschaftswerbung im § 1. »Der Werberat«, heißt es dort, »ist eine Körperschaft des öffentlichen Rechts mit eigenem Vermögen. Sein Sitz ist Berlin. − § 2.1. Der Präsident und die Geschäftsführer des Werberates haben die Rechte und Pflichten der Reichsbeamten.«[16] »Der Werberat ist eine Institution des nationalsozialistischen Staates. Er ist kein Organ der Wirtschaft.«[17]

Um die Stellung des Werberates zu den Gerichten zu beurteilen, muß zunächst festgestellt werden, daß er mit dem Werbegesetz seine Aufgaben und Befugnisse umrissen bekam. Dieses Gesetz hatte privatrechtlichen Charakter. Nach außen trat der Rat mit seinen Richtlinien, Bekanntmachungen und Verfügungen auf, die sowohl die allgemeinen Geschäftsbedingungen des Werbewesens als auch detaillierte Regelungen zum Inhalt hatten. Die Rechtsform, in der diese Anweisungen ergingen, war der »Bescheid«, der schriftlich erteilt oder an den einzelnen gerichtet werden mußte. Damit war die Rechtsnatur dieser Bescheide oder Bekanntmachungen klar: Sie waren keine Gesetze und hatten eigentlich keine Gültigkeit als Rechtsverordnung. Der Werberat umriss − juristisch betrachtet − mit seinem Regelwerk die Bedingungen, unter denen Wirtschaftswerbung und Werbung überhaupt stattzufinden hatte. Die Gerichte hingegen stützen ihre Tätigkeit, z.B. in Bezug auf Werbeverstöße, auf das Gesetz gegen den unlauteren Wettbewerb, das Zugabe- und Rabattrecht. So konnten die Gerichte im Fall eines Verstoßes gegen das Gesetz gegen den unlauteren Wettbewerb auf Schadensersatz, Unterlassung oder Strafklage entscheiden. Nach diesen drei Möglichkeiten wurde in der Regel schon Jahre vor Hitler unlauterer Wettbewerb verhindert.

Daß dabei auch das Standesbewußtsein (Handeln eines ehrbaren Kaufmanns), das Sittlichkeitsempfinden (des deutschen Volkes) und die wirtschaftliche Zweckmäßigkeit als damalige Grundmaximen in Rechnung gezogen wurden, bewies die Praxis der Gerichte. Juristisch betrachtet waren die Gerichte also nicht an die Bekanntmachungen, Anordnungen und Bestimmungen des Werberates gebunden.

Faktisch sah das jedoch anders aus. Zugriff auf die Werbung hatten jetzt der Werberat *und* die Gerichte. Die hierdurch entstandene Rechtsunsicherheit der Werbungstreibenden, »er weiß nicht, ob die Meinung des Gerichts oder die Haltung des Werberats für ihn maßgebend ist«, war − so kann vermutet werden − von den Nationalsozialisten beabsichtigt.

Indizien ergeben sich dafür aus folgendem Sachverhalt: In der Zweiten Verordnung zur Durchführung des Gesetzes über Wirtschaftswerbung vom 27. Oktober 1933 heißt es im § 4, Abs. 1: »Der Werberat gibt bekannt, welchen Personen und Gesellschaften er die Genehmigung zur Wirtschaftswerbung allgemein erteilt und welche Arten der Wirtschaftswerbung er allgemein genehmigt. Er kann bestimmten Arten der Wirtschaftswerbung die Genehmigung allgemein versagen.« In Abs. 2 wird das dann konkreter: »Der Werberat kann eine Genehmigung jederzeit zurückziehen. Allgemein erteilte Genehmigungen können auch für den einzelnen Fall und für bestimmte Arten der Wirtschaftswerbung zurückgezogen werden.«[18]

Damit hatte der Werberat einen Freibrief, nach seinem Gusto und den Anweisungen Goebbels' Werbung zuzulassen oder zu verbieten.

Die Frankfurter Zeitung schrieb am 8. Februar 1938 dazu (und griff dabei wohl auf die Praxis des Werberates zurück): »... wird aber einem Werbungstreibenden die Erlaubnis zur Wirtschaftswerbung entzogen, dann kann ihn die Polizei auf Ersuchen des Werberates jederzeit daran hindern, weiter zu werben. Dieses Recht des Werberates wird in seiner Kraft noch dadurch verstärkt, daß es außer der formlosen Dienstaufsichtsbeschwerde an den Reichsminister für Volksaufklärung und Propaganda keine Möglichkeit gibt, die Entscheidung des Werberates durch die ordentlichen oder die Verwaltungsgerichte nachprüfen zu lassen. Der Werberat hat also andere, in ihrer Bedeutung nicht minder wichtige Möglichkeiten als die ordentlichen Gerichte, seine Meinung über die Zulässigkeit einer Werbung zu verwirklichen. Das Fehlen einer unmittelbaren Zwangsgewalt ist keine Minderung seiner Bedeutung. Der Entzug der Genehmigung zur Wirtschaftswerbung kann viel weittragendere Folgen haben als die Zahlung einer Schadensersatzsumme, weil er oft einer Vernichtung der wirtschaftlichen Existenz gleichkommt.«[19]

Welchen Umfang die Genehmigungsentziehungen durch den Werberat allein 1934 hatten und welch konkrete Gefahr existenzieller Art (welcher politischen Art läßt sich hier nur erahnen) damit für die Werbungstreibenden verbunden war, wird deutlich an folgenden Zahlen, die der Werberat in seinem Mitteilungsblatt veröffentlichte. Im Jahr 1934 wurden 37 Genehmigungen auf Dauer entzogen. Im gleichen Jahr sprach der Werberat 76 »Maßregelungen und Verwarnungen« in Richtung einer Genehmigungsentziehung aus. Betroffen davon waren Redaktionen und Firmen, die Werbung trieben. Begründet wurden fast alle Fälle damit, daß angeblich ein »Mangel an ehrbarem kaufmännischen Empfinden« vorläge.[20]

In den folgenden Jahren werden die Genehmigungsentziehungen oder deren Androhungen kaum noch publik gemacht.

Wahrscheinlich schrieb man jetzt die Betroffenen direkt an und handelte die Angelegenheit im Stillen ab.

Mit der Gründung des Werberates wurden die Gerichte vor vollendete Tatsachen gestellt, sie und das Gesetz ins zweite Glied gedrängt. Denn welcher Werbungstreibende wollte einen durchaus aussichtsreichen Prozeß vor einem ordentlichen Gericht führen, wenn er sich damit in einen möglichen Gegensatz zum Werberat gebracht hätte. Die letzte – eben die politische – Verfügungsgewalt, wer Werbung treiben durfte und wer nicht, lag also in den Händen des Werberates.

VOM VOLKSSTAUBSAUGER ODER DER FÜHRERKOPF AUS SCHWEINESCHMALZ

So heftig der Werberat auch mit seinen Verfügungen in die Werbung eingriff, es bereitete ihm große Probleme, besonders an den äußeren Rändern der Werbepraxis, diese zu kontrollieren und in seinem Sinne auszurichten. Einerseits mochte das an der generalistischen, oft wenig konkreten Art der Aufgabenbeschreibung durch den Werberat gelegen haben, auf der anderen Seite war die gesamte Reklamebranche in ihren weiten Verästelungen nicht innerhalb kurzer Zeit zu überwachen bzw. umzufunktionieren. Werbung wurde natürlich massenhaft in der Großstadt hergestellt und vertrieben, aber auch der kleine Krämer oder die ländliche Filialkette nutzten sie. Die Anzeige oder Dia-Kinoreklame (die jetzt übrigens Lichtbildwerbung hieß) einer großen Firma fiel auf und unterstand zumeist der Aufsicht betrieblicher Werbeleiter, doch wer beachtete schon die Schaufenstergestaltung des Einzelhändlers im kleinen Städtchen? Daß es verschiedentlich zu Widersprüchen zwischen Werbungstreibenden und dem Werberat kam, lag an der willkürlichen Auslegung der Bekanntmachungen durch den Werberat selbst. Dadurch entwickelte sich eine gewisse Eigendynamik in der Interpretation der Vorschriften, die zu kuriosen Entgleisungen führte. Übersteigerter Nationalitätswahn und hypertropher Nazikult in der Werbung waren das Ergebnis.

Der »Reiher-Verlag« in Hannover kleidete zur wirksameren Anzeigenaquisition seine Vertreter in SA- und SS-Uniformen und schickte sie so zur Kundschaft.[21] Die erfolgreiche Bezeichnung eines preiswert hergestellten Radios als »Volksempfänger«

Entwurf:
Gerhard
Marggraff,
1938

veranlaßte zahlreiche Firmen dazu, ihre eigenen Produkte mit dem »Volk«-Zusatz auszustatten. So wußte der Werberat von der »Volksnähmaschine«, dem »Volksstaubsauger« oder dem »Volksboot« zu berichten. Auch ein mit Hakenkreuz verziertes Verdunklungsrollo aus Kunstleder sollte den Absatz erhöhen. Die Anfrage eines Unternehmens, ob der Slogan: »Soll man Tee trinken? Ja, aber nur rein deutschen Tee« im Sinne der neuen deutschen Werbung sei, wurde vom Werberat abschlägig beantwortet. Gleiches Schicksal erfuhr der Antrag einer Firma auf die Herstellung von Koffern mit der Bezeichnung »SA-Koffer, SS-Koffer«.[22] Nichts einzuwenden hatte der Werberat gegen die Beschriftung eines Geschäfts mit »Brauner Laden«.

Abbildungen
Seite 46:
Prospekt,
1936

Seite 47:
Zeitschriften-
Titel, 1936

Die Geschlossenheit der Beamtenschaft kommt auch durch ihre Presse stark zum Ausdruck:

DIE NS-BEAMTENPRESSE MIT 1 MILLION 212 000 BEZIEHERN

ist ein bedeutender Faktor in der Wirtschaftswerbung.

In dem vorliegenden Heft gibt der Verlag Beamtenpresse, Berlin SW 68, durch einen Sonderprospekt die Darstellung über Auflagen und Verbreitungsgebiete seiner Zeitschriften.

Eine Firma für kosmetische Erzeugnisse in Düsseldorf spannte die im Betrieb wirkenden nationalsozialistischen Betriebsobleute in ihre Absatztaktik ein. Im firmeninternen Anschreiben lautete es: »Weihnachtsfreude im Zeichen der Blütenkrone. Wir wenden uns heute an Sie, weil wir wissen, daß im Rahmen der großen nationalsozialistischen Idee die Aufgabe gegeben ist, für das soziale und wirtschaftliche Wohl der Gefolgschaft zu sorgen ...«[23] Verbunden war damit die Aufforderung an die Nazigetreuen, die hier hergestellten Produkte an die eigene Belegschaft zu verscherbeln. Zwar ahndete der Werberat immer wieder solche Verstöße gegen die Verordnung der »Reichsregierung der NSDAP« vom 15. Oktober 1933, die die Verbindung von Wirtschaftswerbung mit NS-Zielen und Emblemen untersagte, doch machten die Geschäftsleute in ihrer Werbung weiterhin von der offensichtlich wirksamen Koppelung Gebrauch. Da gab es für einzelne Kaffeesorten sogenannte »Propagandamischungen« zu »Propagandapreisen«. »Neben dem Wort Propaganda wurde auch die Verwendung des Wortes 'Rasse' in der Werbung verboten, da es bei der erhöhten Bedeutung, die die Rassenfrage ... erfahren habe, nicht erwünscht sei, daß dieser Begriff ... zum Beispiel bei der Wirtschaftswerbung, zu einem gedankenlos gebrauchten Schlagworte herabgewürdigt wäre.«[24] Solche Empfehlungen und Verbote nützten wenig. Selbst einzelne Dienststellen der NSDAP fertigten Empfehlungsschreiben für private Unternehmen an, die dann in der Werbung der jeweiligen Firma zum Einsatz kamen. Besonders nahm sich die Gastronomie des »neuen Geistes« an. Viele nannten sich nun »Vereinslokal der NSDAP« oder »Hier verkehrt der Nationalsozialist« und »Verkehrslokal der Nationalsozialisten«.[25] In diesen Fällen verlangte der Werberat den »Nachweis« der – wohl leicht zu erbringenden – Behauptung. Versicherungsgesellschaften fanden in den überall verwandten Begriffen der Gemeinnützigkeit und Gemeinschaft ihre Stichworte zur Werbung.

Die Schaufenstergestaltung, ebenfalls Richtlinien unterworfen, ging in der Provinz schon mal eigene Wege. Da stellte der Fleischer den Führerkopf aus Schweineschmalz ins Fenster und der Bäcker knetete den Brotteig für die Auslage zum Hakenkreuz. Die rigorose Rationierung von Rohstoffen und Gütern, schon ab 1936 zu verzeichnen, führte mit dem Krieg zur drastischen Einschränkung von sogenannten Luxusartikeln und damit in der Werbung zu durchaus eigenwilligen Texten. Als vorbildlich galt 1944 folgende Anzeige: »Panzer oder Parfüms? Unsere guten deutschen Parfüms bringen wichtige Devisen ein. Mit Devisen werden rare Rohstoffe für unsere Rüstung gekauft. Und damit ist die Frage auch schon beantwortet ...«[26]

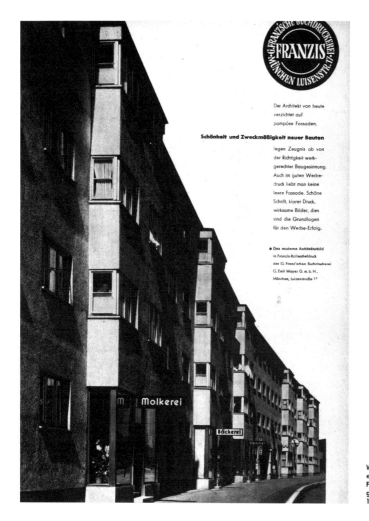

Werbung zur
einheitlichen
Fassaden-
gestaltung,
1936

Leicht zynisch klingt hingegen der Werbetext eines Kosmetikfabrikanten: »In schwerer Zeit gilt es, unerschütterlich Gleichmut und Ruhe zu bewahren und mit starkem Herzen an die Zukunft zu glauben. So erhält jede Frau – auch bei harter, oft ungewohnter Arbeit – Jugend und Frische!«[27]
Um die deutschen Frontsoldaten anzufeuern, warb eine Firma für Fußbäder mit der Anzeige: »Das schickt Dir Deine Süße – zur Pflege Deiner Füße.«[28]
Und damit die Werber nicht den Glauben an die eigene Sache verloren, empfahl der Werberat: »Wirtschaftswerbung auch im Kriege – Reift zur Ernte nach dem Siege!« Zwar gab es keinen Sieg, doch Heinrich Hunke erntete bald darauf seinen Sitz im

niedersächsischen Landtag, so, wie viele andere Werber nach 1945 ihren Platz im alten Unternehmen wiederfanden.

»WERBUNG MUSS DEUTSCH SEIN«

Ein weiteres Problem entstand dem Werberat, obwohl hier seine Bemühungen – und auch Verbote – sehr weit gingen, mit dem Begriff »deutsch«. Daß Werbung »... im Ausdruck deutsch zu sein hat«, besagte die zweite Bekanntmachung des Rates. In der Praxis entstanden jedoch »... Schwierigkeiten bei der Durchsetzung dieses im Wettbewerbsrecht bisher völlig neuen Gedankens ...«[29] Diese »Muß-Vorschrift«, gab der Rat 1936 zu, brachte »in Kreisen der Wirtschaft teils Verständnis, teils Ablehnung und heftige Kritik«[30] hervor.

Den Inhalt dessen, was deutsche Werbung ausmachte, konnte der Werberat allerdings, wieder einmal, nicht klar bestimmen. Ausgewichen wurde stets mit dem Hinweis auf das »nationale Selbstbewußtsein«, die Höherwertigkeit der eigenen Rasse und den »Stolz auf die eigene Leistung«.

Deutlicher wurde es aber in den entwickelten Kriterien, die sich auf und gegen die »undeutsche« Werbung bezogen: »... undeutsch und psychologisch falsch [war, A. d. V.] die Vorliebe einiger deutscher Industrien für ausländisches Gepräge ...«[31] Und die Begründung: Weil »es undeutsch ist, fremde Sprachen der eigenen vorzuziehen und ... weil damit deutsche Wertarbeit zwangsläufig als Nachahmung ausländischer Erzeugnisse erscheinen muß und damit von vornherein den Stempel minderen Wertes erhält«.[32] Alteingeführte Produkt- und Firmenbezeichnungen, englische Fachbegriffe oder französische Artikelnamen kennzeichnete der Werberat nun als »törichte Mischbildungen«, die noch Ausdruck einer vergangenen Zeit und der Vorliebe für »Fremdländelei«[33] sein sollten. Ausgenommen blieben wenige international anerkannte Artikelbezeichnungen, da sonst bei deren »Löschung schwerste wirtschaftliche Nachteile« zu befürchten seien.

Nicht zuletzt bestand wohl auch für den potentiellen Kunden die Gefahr, seine gewünschte Ware nicht mehr benennen und damit verlangen zu können. Dieser Ausnahmeregelung ging in den ersten drei Jahren der Versuch voraus, alle englisch- und französischsprachigen Warenbegriffe »... restlos vom Markte ver-

Gemeinschaftswerbung deutscher Sektkellereien, um 1935

Prospektumschlag, Entwurf: W. Henrich, Stuttgart, 1937

schwinden«[34] zu lassen. So einfach war das jedoch nicht. »Die Versuche z.B. den Namen 'Whisky' ins Deutsche zu übertragen und ihn unter der Bezeichnung 'Rauchbrand' einzubürgern, sind leider gescheitert. Das gleiche Schicksal erlitt die Bezeichnung 'Knusperchen' an Stelle von 'Keks'. Zwei Beispiele, die Schwierigkeiten einer Verdeutschung vor Augen führen.«[35]

Auf die Freiwilligkeit »... einschlägiger Wirtschaftskreise ..., sich hinter die Bestrebungen des Werberates zu stellen ...«,[36] konnte sich Hunke nicht immer verlassen. So war gerade z.B. die Textilwirtschaft aufgrund ihrer traditionell engen Bindungen zu Frankreich und England mit ausländischer Sprache für ihre Produkte vertraut. Aus dem cornichon-farbenen Kostüm machte die deutsche Werbung einen »gurkengrünen« Zweiteiler, aus uni wurde »schlichtfarben« und aus dem Pyjama natürlich der Schlafanzug. 1938 wurde aus der Bekanntmachung eine Anordnung:

Verdeutschung fremdsprachlicher Bezeichnungen von Warennamen und Fachausdrücken der Spinnstoffwirtschaft

1. Broderie — Stickerei
2. classic, classique — klassisch
3. Combination (engl.) — Hemdhose
4. Coupon — Abschnitt, Stück, Stückrest
5. Crêpe — Krepp
6. Dessinateur — Musterschöpfer, Musterzeichner, Musterer, Mustermacher
7. Dessin — Muster, auch Entwurf, auch Zeichnung
8. Fond — Grund
9. Galon — Besatzstreifen
10. Jupon — Unterrock
11. Melange — Mischung, Buntmischung, Hell-dunkel, Schwarz-weiß
12. Mille fleurs — Blümchenmuster, auch Streublümchenmuster
13. Nouveauté — Neuheit
14. Nuance — Farbton, Farbtönung, auch Farbstufe, Stufe, Abwandlung
15. nuancieren — abtönen, abstufen, abwandeln
16. ondé — gewellt
17. Ondé — Wellenzwirn
18. Portière — Vorhang, Türvorhang
19. Pyjama — Schlafanzug, auch Hausanzug
20. rayé — gestreift
21. Revers — Aufschlag, Klappe
22. Reversible — Abseitenstoff, mit Abseite
23. Riponette — Rippenstoff
24. Rips ondé — Wellenrips
25. Rouleau — Rollvorhang, Rollo, auch Fensterroller
26. Rouleaustoff — Rollvorhang-Stoff, Rollostoff, auch Rollerstoff
27. Serviette — Mundtuch
28. Whipcord — Rippenkord, Schrägkord

Weitere Verdeutschungslisten werden laufend veröffentlicht.

Sprachregelung durch den Werberat (Auszug), 1938

»Zur Bereinigung der Sprache in der Spinnwirtschaft [gemeint ist die Textilindustrie, A. d. V.]. An Stelle der bisher verwendeten fremdsprachlichen Bezeichnungen sind deutsche Ausdrücke zu gebrauchen.«[37] Eine Liste mit 152 ins Deutsche übersetzten Bezeichnungen von Modefarben und Artikeln galt jetzt als Sprach- und Textvorschrift. In Anbetracht der zahlreichen Umgehungen solcher Vorgaben durch die Industrie drohte der Werberat mit Genehmigungsentziehung zur Werbung. Denn eine Nichtbeachtung der Eindeutschungen konnte als »Täuschung des Verbrauchers« ausgelegt und damit als Handlungsweise gegen das Wesen des »ehrbaren Kaufmannes« geahndet werden. Es war durchaus kein Zufall, daß gerade im Bereich der Textilindustrie und der Bekleidungsherstellung ab 1938 rigoros auf die Verdeutschungen Wert gelegt wurde, denn ein nicht geringer Teil dieser Branchen war noch Anfang 1938 von Eigentümern jüdischer Herkunft bewirtschaftet. So fanden sich einfache Vorwände (die freilich nach dem November '38 nicht mehr gebraucht wurden), um zur sogenannten Arisierung zu schreiten.

Erfolgreich schienen die Anstrengungen der deutschen Werber auf diesem Gebiete aber nicht gewesen zu sein. Nicht nur, daß sie sich auf ausländischen Messen mit ihrer Terminologie nicht durchsetzen konnten, auch die Auslandswerbung geriet zusehends zur Pleite. Auf einer Tagung des »Reichsverbandes der deutschen Werbungstreibenden« 1938, die gleich nach Wien gelegt wurde, um den Österreichern nach dem »Anschluß« einen Eindruck von der Reklame des »Altreichs« zu geben, konstatierte der Leiter der Auslandswerbung des Werberates, Karl Passarge, Deprimierendes:

Die Werbung sei »veraltet und mangelhaft«, das wären die »Gründe des Versagens der deutschen Auslandswerbung«.[38] Der Leiter des Reichsverbandes, Sekthersteller Christian Adt. Kupferberg, versprach zwar in diesen Fragen »Aktivierung«, mußte letztlich aber auch neidvoll auf die Werbung anderer Länder blicken.[39] Wirkung freilich zeigte der Versuch, gegen »fremdländische Ausdrücke« anzukämpfen, im Inneren des Landes. Nach 12 Jahren Naziherrschaft unter der »Flagge der deutschen Sprache als Ausdruck deutschen Kulturwillens«[40] hatten sich viele Ausdrücke im deutschen Sprachschatz festgesetzt.

Doch die Deutschtümelei war nur eine Seite in der Werbung. Gleichzeitig war es selbstverständlich, daß z.B. Coca Cola mit großen Anzeigen »Unsereins ganz besonders braucht ab und zu eine Pause, am besten mit Coca Cola eiskalt« warb. Selbst die Zeitschrift »Die Wehrmacht« veröffentlichte 1938 Coca-Cola-Anzeigen, und bei den Olympischen Spielen richtete die Firma ihren »Getränkedienst« ein.[41] Dr. Rudolf Brandes, Werbeleiter der Coca Cola GmbH Essen, soll, so behaupten Zeitzeugen, »... um Gerüchten entgegenzutreten, Coca Cola sei ein jüdisches Unternehmen, ... als Gegenbeweis drei Anzeigen im 'Stürmer' aufgegeben«[42] haben. Denn der Inhaber der Firma Blumhoffer

Werbung im Völkischen Beobachter, Mai 1933

Seite 55: Coca-Cola-Werbung, Entwurf: H.W. Funke, Berlin, 1938

(Africola), Herr Flach, führte zu diesem Zeitpunkt eine antisemitische Kampagne gegen Coca Cola. Er verteilte Fotos des Sechsflaschenträgers von Coca, die diese zur jüdischen Fastenzeit mit einem speziellen Kronenkorken mit dem Koscherzeichen herstellte, zusammen mit einem Foto des Aufsichtsratsmitgliedes von The Coca Cola Company, Hirsch, an die Kundschaft, was den Vertretern der Coca GmbH erhebliche Probleme bei den Kundenbesuchen verschaffte. Brandes hingegen stattete seine Vertreter mit Exemplaren der Stürmerbewegung aus, versuchte damit der Kampagne ein Ende zu setzen. Was sich hier als wirkungsvoll erwies, brachte in Amerika Ärger ein. Die Zeitungen protestierten unter dem Titel: Coca Cola finanziert Hitler.

Zur Qualität, und wohl auch Beliebtheit, besonders der Anzeigenwerbung (die Produktwerbung im Radio war seit 1936 verboten) trug das vermittelte Lebensbild und -gefühl der Reklame bei. Neben eindeutigen NS-Inhalten dominierte die Darstellung der Partizipation am geschaffenen Wohlstand. Damit richtete sich die Werbung vermutlich durchaus nach dem Wunsch größerer Bevölkerungsteile, jetzt in Ruhe dem Konsum nachgehen zu können. Mag einem heute z.B. das damals vermittelte Familienbild in den Reklamebildern völlig verspießert vorkommen, so nahm die Werbung lediglich vorhandene Geistesströmungen auf. Im übrigen wurde das alltägliche Leben durch die Werbung bunter, im wahrsten Sinne des Wortes. Kinder sammelten Zigarettenbildchen von Reemtsma, die Lufthansa offerierte mit dem Slogan »Besucht das fröhliche Deutschland« billige Inlandsflüge, die Radios von Telefunken hießen nicht Volksempfänger, sondern »Carmen,

Plakat,
Entwurf:
Toni Zepf,
Berlin, 1937

Tosca oder Aida« und der Erwerb eines eigenen Volkswagens (Slogan: »5 Mark die Woche mußt Du sparen – Willst Du im eignen Wagen fahren«) wurde in Aussicht gestellt. Die Werbung ließ jene andere Seite des Regimes vergessen (wenn man nur wollte), die sich mit offensichtlichem Terror umgab.

ANZEIGENMONOPOL IN DEN HÄNDEN DER NAZIS

Diese scheinbar unpolitische Seite baute auf einem zuvor geschaffenen Untergrund. So veränderte sich das Anzeigengeschäft mit der Dritten Bekanntmachung des Werberats vom 21. November 1933 tiefgreifend. Die Nazis übernahmen mit dem Werberat die Aufsicht über das gesamte Anzeigengeschäft. Die Presse, so sie nicht schon in nationalsozialistischen Händen war, unterstand ab September 1933 der Reichspressekammer und dem Zeitungsverlegerverband mit Max Amann als Vorsitzenden.

»Der Verleger darf Anzeigenaufträge nur vom Werbungstreibenden oder einem zugelassenen Anzeigenmittler annehmen.«[43] Abgelehnt werden konnte ein Anzeigenauftrag vom Verleger, wenn er »grundsätzlich wegen des Inhalts, der Herkunft oder der technischen Form ...«[44] Bedenken hatte. Bedeutung gewannen diese Aussagen mit der drei Wochen zuvor verabschiedeten 2. Bekanntmachung, in der es hieß: »... Werbung hat das sittliche Empfinden des deutschen Volkes, insbesondere sein religiöses, vaterländisches und politisches Fühlen und Wollen, nicht zu verletzen.«[45] Die Anzeigenvermittler, die zuvor meist in den Annoncenexpeditionen beschäftigt waren, waren als Berufsgruppe qua Zwangsmitgliedschaft der Nationalsozialistischen Reichsfachschaft Deutscher Werbefachleute unterstellt worden. Damit war der Zirkelschluß zur Beaufsichtigung des Anzeigenwesens vollzogen. Von nun an mußten die Verleger einmal pro Quartal eine Auflagenmeldung erstatten, von den veröffentlichten Anzeigen mußten jeweils Exemplare an den Werberat gesandt werden. Verstöße dagegen strafte der Rat häufig mit Genehmigungsentziehungen zur Werbeausführung oder -vermittlung. Zur Vereinheitlichung der Anzeigenformate verordnete der Werberat ein umfangreiches Regelwerk, das alles von der genauen Spaltenbreite, Zeilenlänge, Schrifttype über den Zahlungsmodus bis hin zu Nachlässen und der gesamten Preisgestaltung haarklein festlegte. Diese Normierung und Rationalisierung, die noch heu-

Anzeige, 1933

Abbildungen
Seite 58:
Werbung der
Deutschen
Lufthansa.
Entwurf:
Meerwald,
1936

Seite 59:
Werbung,
1936

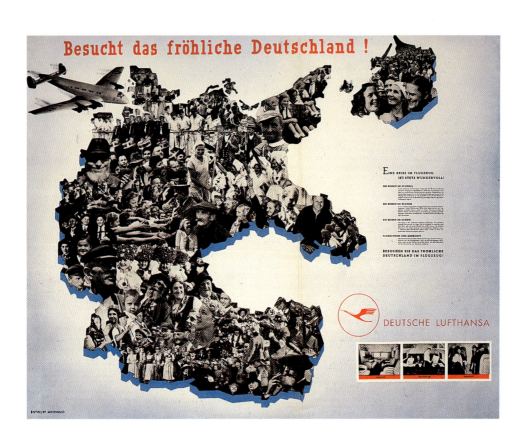

te einigen älteren Werbern Anlaß zur Bewunderung bietet, war zwar in anderen Ländern schon früher durchgesetzt worden, stellte aber unter nationalsozialistischer Herrschaft einen Reglementierungsfaktor dar. Blätter, die sich nicht so schnell darauf umstellen konnten, besonders kleine Inseratenzeitschriften, konnten nun verboten werden.

Der ökonomische Faktor der Printwerbung interessierte die Nazis aber weitaus stärker.

»Das gebräuchlichste, verbreitetste und damit umsatzmäßig an erster Stelle stehende Werbemittel ist zweifellos die Anzeige. Sie stellt rund ein Viertel bis ein Drittel des gesamten Werbehaushalts dar. Die Anzeige in Zeitungen, Zeitschriften, Anschriftenbüchern und Kalendern hat durch die Maßnahmen des Werberates, insbesondere die Einführung des Grundsatzes der Preistreue sowie der Normung der Spaltenbreiten und der Veröffentlichungspflicht der Auflagen viel neues Vertrauen gewonnen. Die Ausgaben ... steigerten sich daher in den letzten Jahren wie folgt:

Jahr	RM/Million
1934	258,0
1935	276,1
1936	305,9
1937	336,1

Da andererseits die Anzeige neben ihrer werbemäßigen Bedeutung eine wesentliche materielle Grundlage für diese Werbeträger abgibt, so dient sie zugleich einer höheren Auflage; den Zeitungen und Zeitschriften ermöglicht sie, ihrer politischen, unterhaltenden Aufgabe sowie fachlichen Aufgabe gerecht zu werden ...«[46]

Wie real auch immer diese Zahlen sein mochten, absolut betrachtet war ein Rückgang des Werbevolumens im Vergleich zu den zwanziger Jahren zu verzeichnen. Indizien dafür wurden schon genannt. »Das Anzeigengeschäft ... hatte bereits vor Einsetzen der Wirtschaftskrise zu leiden begonnen, und zwar unter der entschlossenen Offensive, die Hugenberg mit seiner Ala gegen Mosse vortrug. Hugenberg erblickte in Mosse seinen schlimmsten Feind und setzte alles daran, ihn geschäftlich zu ruinieren und damit auszuschalten. Es gelang ihm, seine politischen und geschäftlichen Freunde im Bergbau, der Schwerindustrie, im Großhandel, im Ein- und Ausfuhrgeschäft zu einem besonderen Ala-Kreis zusammenzuschließen, dessen Mitglieder sich verpflichteten, ihre gesamten Anzeigen und sonstige Geschäftswerbung ausschließlich durch die Ala besorgen zu lassen.«[47] 1932 mußte der Rudolf Mosse-Konzern sich geschlagen

Die Waage des Rechts

kennt keine Schwankung. — Genau so eindeutig sollte das Urteil über den Wert eines Werbemittels sein.

Ein Beispiel: Die vom Reichsminister der Justiz, Dr. Franz Gürtner, herausgegebene „Deutsche Justiz" ist das amtliche Blatt der deutschen Rechtspflege. Es dient dazu, die Verbundenheit zwischen Volk und Justiz zu pflegen und zu fördern und bringt dem Rechtswahrer das Wollen und Werden des neuen deutschen Rechts nahe. Diese führende amtliche Zeitschrift spiegelt zugleich die Rechtsauffassung von Wissenschaft und Praxis wider. Ihre Leser sind Staatsanwälte, Richter, höhere Justizbeamte, Notare, Rechtsanwälte, sowie Firmeninhaber und leitende Mitarbeiter aus Industrie und Handel.

Diese Kreise finden hier das amtliche Rüstzeug für die einwandfreie Lösung ihrer beruflichen Aufgaben. Sie sind also auf die »Deutsche Justiz« angewiesen und schenken ihr daher besondere Aufmerksamkeit. Überzeugend ist mit dieser Wichtigkeit gleichzeitig bewiesen, daß die »D. J.« unbedingt ein wertvoller Werbeträger sein kann, wenn die Anzeigen in dieser Zeitschrift auf die Eigenart ihres kaufkräftigen Leserkreises abgestimmt sind. Genaue Vorschläge und die günstigen Anzeigenbedingungen erhalten Sie durch die Anzeigenverwaltung:

ALA
Anzeigen-Aktiengesellschaft

Berlin W 35, Bremen, Breslau 1, Chemnitz, Dortmund, Dresden-A. 1, Essen 1, Frankfurt a. M., Hamburg 1, Hannover M, Kassel, Kiel, Köln 1, Königsberg i. Pr., Leipzig C 1, Lübeck, Mannheim, München 2 M, Nürnberg 1, Stettin 1, Stuttgart

 ALA — Österreichische Anzeigen-Gesellschaft A. G. Wien 1, Wollzeile 16

Anzeige, April 1938

Abbildungen Seite 62: Plakat, 1934

Seite 63: KdF-Plakat und Anzeige, 1936

Nationalsozialistische Anzeigen-Zentrale   N.A.Z.

Die parteiamtlich anerkannte Anzeigen – Werbestelle der N.S. Presse.

München 2 NO, den 9. Mai 1934
Thierschstraße 11

Sehr geehrte Herren!

Durch den Besitzwechsel der Ala Anzeigen-A.G. ergab sich für unsere N.A.Z. die glückliche Möglichkeit, die weitverzweigte und seit vielen Jahren eingearbeitete Organisation der Ala unseren Wünschen und Zielen dienstbar zu machen.

Der unterzeichnete Reichsleiter hat der Ala Anzeigen-A.G. mit Wirkung vom heutigen Tage an die Aufgaben der N.A.Z. übertragen und die Ala Anzeigen-A.G. als die parteiamtliche Werbestelle der N.S.-Presse anerkannt.

Durch diese Tatsache und durch den Eintritt des Unterzeichneten in den Aufsichtsrat der Ala ist sowohl den Kunden unserer N.A.Z. wie auch den nationalsozialistischen Verlegern die Gewähr gegeben, daß sie der Ala das gleiche Vertrauen entgegenbringen können wie bisher uns selbst.

Die Leiter und Mitarbeiter unserer N.A.Z. werden von heute an gemeinsam mit den Leitern und Mitarbeitern der Ala der deutschen Wirtschaft eine Anzeigen- und Reklame-Vermittlung, sowie eine Werbeberatung zur Verfügung stellen, die an Zuverlässigkeit, fachmännischem Können und an Arbeitsfreude unerreicht sein wird.

Mit dem herzlichen Danke für das uns bisher in so reichem Maße erwiesene Vertrauen verbinden wir die Bitte an unsere Geschäftsfreunde, alle Wünsche und Aufträge nunmehr der Ala Anzeigen-A.G. zuzuleiten.

Die zur Zeit laufenden Aufträge werden gemäß dem ursprünglichen Wunsch unserer Kunden von uns ordnungsgemäß abgewickelt.

Unser Führer Adolf Hitler hat uns allen das große Selbstvertrauen wiedergegeben. Gestützt auf dieses Vertrauen wollen wir in gemeinsamer Arbeit nie ruhen und rasten, sondern immer werben für eine freie und blühende deutsche Wirtschaft.

Mit deutschem Gruß und Heil Hitler!

Nationalsozialistische Anzeigen-Zentrale

geben. Über eine Treuhandorganisation ging die Anzeigenagentur Mosses in den Besitz der Ala über. Zu dieser gehörten schon 1922 75 Zeitungsgesellschafter und über 300 Gesellschafter aus Handel und Industrie. Darunter befanden sich u.a. August Scherl, Gebr. Lensing, W. Giradet K. G., Phillip Reklam – Leipzig, Borsig, Büssing, Hapag, Magirus, Kathreiner, Dr.

ALA
ANZEIGEN-AKTIENGESELLSCHAFT
DIREKTION

BERLIN W 35, POTSDAMER STR. 27A
FERNRUF: SAMMELNUMMER B 5 LÜTZOW 7781

9. Mai 1934

Sehr geehrte Herren!

Am Freitag, dem 4. Mai dieses Jahres, ist das Aktienpaket der Ala Anzeigen-A.G. an neue Besitzer übergegangen.

Gleichzeitig hat der Reichsleiter für die Presse der NSDAP der Ala Anzeigen-A.G. die Aufgaben der N.A.Z. übertragen und die Ala Anzeigen-A.G. als die parteiamtliche Werbestelle der N.S.-Presse anerkannt.

Die Ala Anzeigen-A.G. ist vor neue und große Aufgaben gestellt. Die bisherigen Leiter und Mitarbeiter der Ala werden sie gemeinsam mit den bisherigen Leitern und Mitarbeitern der N.A.Z. in Angriff nehmen und lösen.

Die Führung des Aufsichtsrates der Ala Anzeigen-A.G. wird übernommen von den Herren:

    Ministerialdirektor i.e.R. Ernst Reichard, Präsident des Werberates der deutschen Wirtschaft,

    Verlagsdirektor Max Amann, Reichsleiter für die Presse der NSDAP.

Die Zuverlässigkeit, das fachmännische Können und die Arbeitsfreude der Ala werden in Zukunft unerreicht sein.

Das uns bisher erwiesene Vertrauen bitten wir uns zu erhalten und zu erweitern.

In gemeinsamer Arbeit wollen und werden wir durch vorbildliche deutsche Werbung die Erfolge erreichen, die nicht nur dem einzelnen Teile der Wirtschaft, sondern auch dem deutschen Volke in seiner Gesamtheit von Wert sein und bleiben werden.

Mit deutschem Gruß und Heil Hitler!

ALA
ANZEIGEN-AKTIENGESELLSCHAFT
DR. WENTZEL   DUISBERG

Oetker, Sarotti und die Vulkan Werke.[48] Im Mai 1934 verschickte die Ala-Anzeigen-Aktiengesellschaft an ihre Kunden einen Brief, in dem es u.a. hieß: »Am Freitag, den 4. Mai dieses Jahres, ist das Aktienpaket der Ala-Anzeigen A.G. an neue Besitzer übergegangen. Gleichzeitig hat der Reichsleiter für die Presse der NSDAP der Ala Anzeigen A.G. die Aufgaben der

Nationalsozialistischen Anzeigenzentrale (NAZ) übertragen und die Ala-Anzeigen A.G. als parteiamtliche Werbestelle der NS-Presse anerkannt.«[49] Die Aufsichtsratsführung wurde dem Präsidenten des Werberates, Ernst Reichard, und Max Amann, dem Reichsleiter der Presse der NSDAP übertragen.

Die NAZ, wenige Jahre vorher zur Anzeigenaquisition für die NS-Presse gegründet, war nun die größte deutsche Anzeigenannahmestelle. Laut Anzeigenpreisliste von 1934 bediente dieser Konzern 642 Blätter, Tageszeitungen und Magazine mit einem Werbeteil, der über die Berliner Zentrale gebucht werden konnte. Die Auflagenhöhe der Publikationen, die über die NAZ wöchentlich zur Anzeigenreklame akquiriert werden konnten, betrug 7,74 Millionen. Der Anzeigenpreis z.B. für eine ganze Seite Werbung im »Völkischen Beobachter« lag bei RM 5.760 pro Ausgabe.[50]

Dieser Vorgang, einem Putsch vergleichbar, brachte den Nazis eine ungeheure Geldquelle, denn nun stand – allerdings nicht mehr lange – ihnen als wichtigster Konkurrent im Anzeigengeschäft nur noch der Ullstein-Verlag im Wege. Dieser wurde am 10. Juni 1934 mit einem erpreßten Zwangsverkauf an die Cautio-GmbH, eine Auffanggesellschaft der NSDAP, veräußert. Welche außerordentlichen Summen mit dem Anzeigengeschäft verbunden waren, wird deutlich, wenn man allein die 4,4 Millionen Mark Umsatz betrachtet, die die »Berliner Illustrierte Zeitung« im Jahr 1934 erreichte. Mit der Gleichschaltung und dem Konzentrationsprozeß – Paul Winkler, der geistige Motor der Cautio GmbH, verstand es bis 1939 »1473 Zeitungsverlage ... und 2120 Zeitungen dem Amann Trust«[51] anzufügen – ging auch eine reale Verminderung der Publikationen einher. Gab es 1930/31 noch 44 Zeitungen in Berlin, so verblieben 1939 ganze 15 Blätter, von denen 10 im Besitz der Nationalsozialisten waren.

Sowenig homogen der Nazistaat insgesamt war, so brachen auch in diesem Bereich Widersprüche auf. Die Reglementierungen führten zu Versuchen und Praktiken seitens der Werber, die Anzeigenbekanntmachung zu umgehen. Spezielle Anzeigenblätter bildeten sich »... an den verschiedensten Orten« und gründeten »Interessengemeinschaften«[52] mit lokalen Unternehmern der Industrie und des Einzelhandels zur Herausgabe z.B. von »Weihnachtsanzeigern«[53] oder reinen Sonderangebotsblättern. Berechtigt sahen sich die Initiatoren durch die vom Werberat dringlich geforderte Sammel- und Gemeinschaftswerbung. Der so entstandene Bereich vom Rat nicht gänzlich zu kontrollierender Publikationen sollte mit der 1934 erlassenen 10. Bekanntmachung unterbunden werden. Darin hieß es: »Druckschriften

und andere Werbemittel [dürfen, A. d. V.] ein Drittel des Gesamtumfanges der Druckschrift nicht übersteigen.«[54] Dennoch kam es in den folgenden Jahren, zumindest bis zum Kriegsausbruch, immer wieder zu einer »Herausgabe des alten Anzeigenblattes im neuen Gewande mit der Absicht, das ... Verbot des Werberates zu unterlaufen.«[55] Interpretiert werden kann hieraus allein die Tatsache, daß der Werberat nicht die uneingeschränkte Zustimmung aller Werbungstreibenden besaß. Von Bedeutung waren diese Widersprüche für diejenigen, die sich mit dem Regime nicht arrangieren wollten und konnten, entstand hier doch eine Lücke, die einigen das Überleben sicherte.

So arbeitete der Werbegraphiker Paul E. Weise, dessen Ehefrau Jüdin war (er fiel damit unter die »Rassegesetze«), heimlich für die Firma Flohr oder als künstlerischer Leiter der Firma Zindler-Rotationsdruck. Der spätere Bundespräsident Dr. Theodor Heuss, den die Nazis aus allen Ämtern entließen, machte Werbung für die Firma Robert Bosch mit einer Schrift zum 50jährigen Firmenjubiläum.[56] Prominentester unter ihnen war wohl der 1934 verstorbene Ringelnatz, der für die Firma Venus dichtete: »Nimm zum Beispiel diese Bluse, Die zweifarbig nur getönt, Und du merkst an jedem Gruße, Daß Apartes dich verschönt. Hoch die Kunst! Und Tod den Motten, Venus warme Winter-Schotten!«

Trade-Mark für Zindlers-Rotationsdruck von Paul E. Weise

TÄTIGKEITSVERBOT FÜR AUSLÄNDISCHE ANZEIGENAGENTUREN

Die sich im Anzeigen- und überhaupt im gesamten Werbewesen in den zwanziger Jahren abzeichnende Internationalisierung führte natürlich dazu, daß sich gerade in Berlin ausländische Agenturen, zumeist amerikanische und englische, niederließen und hier für ihre jeweiligen Kunden Werbung trieben. Dieses Bild veränderte sich nach 1933 rasch, Auslandsfeindlichkeit und Fremdenhaß gehörten zum NSDAP-Programm. Werbeagenturen mit gutem Ruf, dazu gehörten Erwin Wasay & Co. Ltd., J. Walter Thompson & Co., Crawford's Reklame Agentur, Continentale Reklame Agentur, American Promotion Agency, McCann oder Ayer,[57] erhielten nur in Ausnahmefällen die Genehmigung durch den Werberat, in deutschen Zeitungen Anzeigen zu schalten. Welche Agenturen eine solche Genehmigung erhielten, kann im einzelnen nicht mehr festgestellt werden. Si-

Anzeige für die Alliah, The Times, Januar 1939.
Die Alliah förderte die Auswanderung jüdischer Kinder und Jugendlicher aus Deutschland

cher ist jedoch, daß »... keine ausländischen Firmen mehr auf dem innerdeutschen Anzeigenmarkt«[58] im Jahr 1937 vertreten waren. Der Werberat erhoffte sich mit der Verdrängung der ausländischen Agenturen, daß die Produzenten ausländischer Güter sich an die deutschen Werber hielten. Dies geschah auch, doch stand dem entgegen, daß die Werbung »deutsch in Gesinnung und Ausdruck«[59] zu sein hatte. Verhindert werden sollte ebenfalls, daß sich deutsche Firmen an ausländische Agenturen wandten. Auch die Verleger mußten jetzt in der Regel auf die begehrten Anzeigen aus dem Ausland verzichten. »Der Verleger«, so der Nazi von Braunmühl 1934, »darf auch keine Anzeigenaufträge von nicht zugelassenen ausländischen Anzeigenmittlern annehmen. Für diese konnte eine Ausnahme nicht gemacht werden, da sonst die grundsätzliche Rechtsgleichheit von Inländern und Ausländern durchbrochen worden wäre. Dadurch wird auch verhindert, daß deutsche Anzeigenmittler, denen die Zulassung nicht erteilt worden ist, vom Ausland aus ihre Geschäfte weiter betreiben ...«⁶⁰ Es ist anzunehmen, und der frühe Zeitpunkt dieser Regelung deutet darauf hin, daß damit Versuche emigrierter Juden unterbunden werden sollten, Anzeigen – auch politischer Art – in deutschen Zeitungen erscheinen zu lassen. Denn dieses Mittel zur Herstellung einer Öffentlichkeit wurde anläßlich der April-Boykotte von 1933, und auch zu anderen Anlässen später, von jüdischen Organisationen gut genutzt.

ZENSIERTE PLAKATWERBUNG

Ein traditionell wichtiges Mittel der Information war und ist das öffentlich ausgehängte Plakat. Ob nun als privatwirtschaftliche Werbung, amtliche Bekanntmachung oder politische Meinungsäußerung, alle nutzten das Plakat als Informationsträger. Schon vor der Jahrhundertwende hatten Plakate eine angesehene, vielbeachtete, aber auch immer umstrittene Funktion. Die Entwicklung der Plakatkunst weist darauf hin, daß die Wirkung eines Plakates zumeist von dessen Gestaltung abhängig ist. Neben den offiziell vorgesehenen Orten (z.B. Litfaßsäulen) wurden Plakate überall dort angebracht, ob legal oder nicht, wo möglichst viele Betrachter zu erreichen waren. Das politische Plakat in der Weimarer Zeit spielte eine zentrale Rolle in der Auseinandersetzung zwischen linken und rechten Kräften. John Heartfield, ein genialer Plakatschöpfer, setzte seine Arbeit gegen die Nazis ein. Die nationalsozialistische Propaganda und Agitation bediente sich ebenfalls in durchaus zeitgemäßer Weise der politischen Plakatwerbung.

Die unbestrittene Attraktivität der Plakatwerbung in allen gesellschaftlichen Bereichen sollte nach dem 30. Januar 1933 nur noch den Nazis dienen. Mit der 9. Bekanntmachung des Werberates, die »Außenanschlagsbekanntmachung« vom 1. Juni 1934, wurde ein umfangreiches Regelwerk erlassen. Die Plakatwerbung, jetzt: »Bogenanschlagswesen«, sollte »einheitlich bewirtschaftet ...«⁶¹ werden, damit, so die Begründung, eine »... Verunstaltung des Orts- und Landschaftsbildes...«⁶² unterbunden würde. Festgelegt wurden nun: die Zahl der Anschlagstellen inner- und außerhalb geschlossener Ortschaften; die Größe der Plakate; Richtlinien für die Pachtzahlung für Werbeflächen; die Art der Beleuchtung der Plakatflächen; die allgemeinen Geschäftsbedingungen; die Dauer des Aushangs; Rabatte und Aufschläge; die Meldung eines jeden gedruckten und handgeschriebenen Plakates beim Werbe-

1934

rat; die Möglichkeit der Ablehnung eines Plakates durch den Werberat wegen seines Inhalts.

Ähnlich wie in der Anzeigenwerbung übte der Rat, oder zumindest bemühte er sich darum, eine vollständige Übersicht und Kontrolle über das gesamte Plakatwesen aus.

Jedoch entzündete sich gerade an der Frage, wer was wann wo plakatieren dürfe, eine Auseinandersetzung zwischen dem Werberat und anderen Nazis. Zwar hatte Hitler die »nationalsozialistische Revolution« im November 1933 für beendet erklärt, es fanden jedoch weiter Übergriffe von Nazis, die sich gegen jegliche Werbung mit Plakaten und Schildern stellten, statt. »Immer wieder gehen dem Werberat Beschwerden ... zu, daß unter behördlichen und nichtbehördlichen Stellen unter Bezugnahme auf die 9. Bekanntmachung Schildanschläge [und Plakate, A. d. V.] entfernt werden.«[63] Einzelne Ortsbehörden vernichteten im Rahmen der Kampagne »Säuberung des Orts- und Landschaftsbildes«[64] wohl gänzlich alle Reklameplakate und -schilder in ihren Städten. Im Rahmen solcher Aktionen, die sich ab 1938 verstärkt gegen die Werbung jüdischer Firmen richteten, entwickelte sich offensichtlich großer Ehrgeiz. So berichtete die Frankfurter Zeitung 1939: »In Magdeburg wurden im Laufe des letzten Jahres im Kampf gegen die überflüssige und unschöne Außenreklame insgesamt etwa 2000 Reklameschilder beseitigt, die ... den Bestimmungen des Werberates der deutschen Wirtschaft widersprachen oder auf Firmen hinwiesen, die nicht mehr bestehen.«[65] Solcherlei Aktivitäten gingen dann soweit, daß selbst der Werberat konstatieren mußte, »daß derartige allgemeine Entfernungsmaßnahmen meist über das erforderliche Maß ... hinausgehen und sich schließlich gegen die Außenwerbung als solche richteten.«[66]

Welche Wirkung die zahlreichen politischen Plakate auf eine Elisabeth Noelle seinerzeit hatten, beschrieb sie in einem Artikel der Deutschen Allgemeinen Zeitung: »Wie rote Fahnentücher hingen die Schriftplakate der NSDAP von den Anschlagsäulen herab, seitlich begrenzt durch einen schwarzen Balken, der das abgleitende Auge zurück zum Text zwang, zu den kurzen pragmatischen oder polemischen Paragraphen, aus denen einzelne fettgedruckte Worte hervorsprangen: '... Judengegner ... Lumpen ... Christen ... Rassentuberkulose der Völker ... Heute Freitag ... Warum sind wir Antisemiten?' Paradiesische Zukunftsbilder und grauenerregende Darstellungen des Elends warben nebeneinander in den Hauptstraßen der Großstädte, wie an den Eingängen der Dörfer um Aufmerksamkeit. Klarlinige, zu äußerster Aufmerksamkeit verdichtete Plakate, deren innere Spannung, Symbol oder geballte, eben in der Entladung ausbrechende

Plakattafel in Berlin zur Ausstellung »Gebt mir vier Jahre Zeit«, 1937

Kraft, sich allen, die in ihren Wirkungskreis gerieten, schon auf weite Entfernung mitteilte ...«[67]

Zu solchem Enthusiasmus gehört wohl auch eine innere Überzeugtheit. Ob Frau Noelle ebenfalls die vom Volksgerichtshof veröffentlichten Urteile mit Namen und Herkunft der Verurteilten auf blutrot umrändeten Plakaten mit zum »Wirkungskreis« zählte, wird dabei nicht deutlich.

Zentrales Ziel des Werberates bezüglich der Plakatwerbung war es, den Nationalsozialisten ein breitenwirksames Medium – neben anderen – zu garantieren. Dabei stand ab 1936/37 nicht mehr die Produktwerbung im Mittelpunkt. In Millionenauflagen klebten und hingen jetzt die Plakate zur sogenannten »Verbrauchslenkung« aus. Die »Kohlenklau«-Kampagne oder die Warnungen »Pst! Feind hört mit« und »Kampf dem Verderb«

Plakat der Reichsbahnzentrale für den deutschen Reiseverkehr, 1937, Entwurf: Ehrenberger, München

fanden auf diesem Wege eine außerordentliche Verbreitung und Bekanntheit, prägten den Sprachschatz der Deutschen noch bis weit nach dem Kriege. Am Rande sei hier noch vermerkt, und dies verweist auf die umfassende Gängelung und Wirkung der Erlasse durch den Werberat, daß selbst ein handgeschriebener »Zettelaushang in Aushängekästen in den Schaufenstern der Einzelhandelsgeschäfte, oder sonstigen Wandflächen ... untersagt«[68] wurde.

»MESSEN UND AUSSTELLUNGEN ALS ZEICHEN DEUTSCHER WIRTSCHAFTSKRAFT«

Eine besonders bevorzugte Präsentationsform der deutschen Wirtschaft im Hitlerstaat waren Ausstellungen und Messen. Einerseits als wirtschaftlicher Faktor hochgeschätzt und benötigt, stellten sie zudem ein Mittel des propagandistischen Auftritts dar, der den teilnehmenden Ländern oder Betrachtern ein geschöntes Bild Nazideutschlands vermitteln sollte. Die Festlegung dieses Zieles erfolgte bereits im Gesetz über Wirtschaftswerbung 1933. Danach sollte das gesamte Ausstellungs- und Messewesen dem Werberat unterstellt werden.

Historisch betrachtet war die Entwicklung des Ausstellungswesens im Bereich der Konsum- und Industriegüter an die Entfaltung der industriellen Produktivkräfte gebunden. Schon 1896 zeigten in Berlin Industrie und Handwerk auf »Gewerbeausstellungen« ihre Waren und Produkte. Nach dem ersten Weltkrieg fanden zahlreiche Ausstellungen in Berlin und Leipzig statt. Neben den großen Ausstellungen wie z.B. der in den zwanziger Jahren entwickelten »Grünen Woche« und der »Funkausstellung« präsentierten sich Gewerbe und Industrie mit ihren vielfältigen Leistungen auch auf kleineren, lokal organisierten Ausstellungen. Diese Art der gewerblichen Werbung für Produkte und Dienstleistungen war sowohl Gradmesser für das eigene Niveau im Verhältnis zur internationalen Konkurrenz als auch Mittel

Anzeige, 1937
Entwurf:
Hofmann

zur Erhöhung des Absatzes. Nicht zuletzt konnte mit einer groß angelegten Messe die wirtschaftliche Potenz der Nation nach außen hin demonstriert werden. Gerade diese Bedeutung mag die Nationalsozialisten dazu bewogen haben, die Messen und Ausstellungen nach ihren Zielen umzufunktionieren. Federführend dabei waren das Reichsinnen- und Reichswirtschaftsministerium. Die konkrete Aufgabe der »Neuordnung« delegierte man an den Werberat.

»Längst vergessen sind die Zeiten der chaotischen Zustände auf diesem Gebiet. Sie haben einer Ordnung Platz gemacht, unter der das Ausstellungs- und Messewesen zu einem machtvollen Faktor erstarkt ist und fähig wurde eines hohen Dienstes an der Volksgemeinschaft. Das Ausstellungswesen wird heute gehandhabt durch fest organisierte und überwachte Verwaltungen als Ausstellungsträger, die vermöge der ihnen anhand gegebenen Mittel modernster Ausstellungstechnik den deutschen Menschen in der Reihe ihrer Bilder nun Jahr um Jahr die gewaltigen Fortschritte und Erfolge des nationalsozialistischen Gestaltungs- und Schöpfungswillens vor Augen geführt und dadurch mitgeholfen haben, die deutsche Kraft in ihrer Einheit und Geschlossenheit zu härten und zu stählen für die große Stunde des Kampfes.«[69] Diese Worte Hunkes, 1941 geäußert, gaben unzweideutig das Ziel der Anstrengungen wieder: es ging um die Aufrüstung zum Krieg. Zuvor waren jedoch erst die Grundlagen der Umorganisierung der Messen zu legen.

In der zweiten Bekanntmachung von 1933 legte der Werberat die Teilnahmevoraussetzungen zu Messen fest: »Veranstalter von Messen und Ausstellungen erhalten die Genehmigung zur Wirtschaftswerbung nur, wenn die Veranstaltung nicht nur durch ihre zeitliche und örtliche Lage andere Messen und Ausstellungen in ihrer Wirksamkeit beeinträchtigt, wenn sie nicht im Gegensatz zu den Belangen des Volkes, insbesondere den volkswirtschaftlichen, steht, und wenn ihre Durchführung geldlich sichergestellt ist.«[70]

Mit dieser allgemein gehaltenen Fassung behielt sich der Werberat die Aufsicht über Form und Inhalt einer jeglichen Messe vor. Die damit erreichte willkürliche Eingriffs- und Lenkungsmöglichkeit entsprach der überhaupt angestrebten Zentralisierung des Wirtschaftssystems unter der Leitung des Wirtschaftsministeriums und erleichterte zudem die Verdrängung mißliebiger Ausstellungsteilnehmer. Im März 1934 erfuhr die Kompetenz des Rates eine erneute Ausdehnung. Jetzt entschied er auch über die »... besondere volkswirtschaftliche, kulturelle und politische Bedeutung ...«[71] der Messen. Die Folge war eine stärkere Politisierung, die mit der Weltausstellung 1937 in Paris und den

Anzeige der Krupp-AG mit dem deutschen Pavillon zur Pariser Weltausstellung, 1937

dort aufgestellten gigantischen Messebauten ihren Ausgangspunkt nahm.

Im Verein mit Innen- und Wirtschaftsministerium legte der Werberat fest, welche Veranstaltungen den Begriff »Messe« überhaupt noch tragen dürfen. Darunter fielen die Leipziger Frühjahrsmesse, die Leipziger Herbstmesse, die Breslauer Messe, die Deutsche Ostmesse (Königsberg), die Kölner Messe und die Wiener Messe [nach der Annexion Österreichs, A. d. V.]. Kleinere Fachmessen, die nun Reichsfachmessen hießen, durften jetzt nur noch einmal im Jahr stattfinden.[72] Um eine Kontrolle über die mit der Planung und Durchführung einer Messe Beschäftigten zu garantieren, erließ der Werberat eine gesonderte

Verfügung. »Um die ... Ausübung der Aufsicht über das Messen- und Ausstellungswesen sicherzustellen, sind die Veranstalter ... und die ihnen angeschlossenen Firmen verpflichtet, dem Präsidenten und dessen Beauftragten die von diesen erforderten Aufklärungen zu geben, ihnen Einblick in die Geschäftsbücher zu gewähren und sie an maßgeblichen Verhandlungen über die Vorbereitung und Leitung der Veranstaltungen teilnehmen zu lassen ... Die Genehmigung ... einer Messe schließt die Verpflichtung ein, dem Präsidenten des Werberates und den von ihm mit einem entsprechenden Ausweis versehenen Personen den Eintritt und die Besichtigung der Messe ... zu gestatten.«[73]

QUANTITATIVE ENTWICKLUNG ZWISCHEN 1934 UND 1940

Die Zahl aller Messen und Ausstellungen ging von 1934 bis 1940 um insgesamt 566 Veranstaltungen zurück. Besonders die in der Rubrik III. genannten zeigen einen drastischen Rückgang auf regionaler und lokaler Ebene. Welchen Anteil an dieser Tendenz der sukzessive Ausschluß jüdischer Firmen im Ausstellungswesen hatte, konnte hier mangels zuverlässiger Erhebungen nicht festgestellt werden. Allein bekannt ist das Verbot für jüdische Geschäftsführer und Bekleidungsfirmen, sich nach 1936 selbständig an Modenschauen, die ebenfalls unter diese Rubrik fielen, beteiligen zu dürfen.[74]

Die Steigerung der Zahl der »Fachmessen, Fachausstellungen und Schauen« (wie die mit großem Propagandaaufwand 1937 betriebene Reichsausstellung der deutschen Textil- und Bekleidungswirtschaft in Berlin), 1938 mit 81 Veranstaltungen dieser Art auf dem Höhepunkt der Entwicklung seit 1934, läßt sich auf die gezielte Förderung einzelner Wirtschaftszweige und Markenartikel, die für den Export Bedeutung hatten, zurückführen. Analog dazu stand auch die staatliche Protektion der metallverarbeitenden und der Elektrogeräte-Industrie. Die Funkausstellungen in Berlin gehörten ebenfalls zu den bedeutendsten Messen mit größter Publikumsbeteiligung. Die auf Krieg zielende Haltung der deutschen Politik führte unter anderem in diesem Bereich bei den europäischen und außereuropäischen Ländern zu einer gewissen Zurückhaltung. Auf der anderen Seite verhinderten die heftigen politischen Angriffe, z.B. gegen England,

*Übersicht[75] über Messen und Ausstellungen
1934 – 1940*

Art der Veranstaltung	1934	1935	1936	1937	1938	1939	1940
I. Messen	7	7	6	6	9	7	8
II. Fachmessen, Fachausstellungen und Schauen	34	17	42	57	81	58	50*
III. Ausstellungen (nicht auf bestimmtes Fachgebiet beschränkt)							
1. Ordnung (mit wirtschaftlichem Einfluß auf das Reich)	10	8	10	3	3	2	—
2. Ordnung (von bezirklicher Bedeutung — Gau)	186	75	30	16	12	11	—
3. Ordnung (von örtlicher Bedeutung)	319	287	119	68	39	24	—
4. Ordnung (Kultur- und Lehrschauen mit wirtschaftlichem Einschlag)	78	92	63	41	19	15	10
	634	486	270	191	163	117	68

* Hierunter fallen 37 Musterschauen der Fachgruppe Handelsvertreter und Handelsmakler, Fachabteilung Schuhwaren.

Frankreich und die USA, kurz vor Kriegsausbruch eine Teilnahme deutscher Aussteller an den dortigen Messen (ausgenommen die Weltausstellung in Paris). Die deutsche Beteiligung reduzierte sich auf kleine, unbedeutendere Ausstellungen. 1940 konnten deutsche Aussteller allein noch in Utrecht, Brüssel, Zagreb, Plovdiv, Varna, Preßburg, Kopenhagen, Sofia und Tessaloniki ihre Waren präsentieren. Dies war aber schon Ergebnis der Kriegsereignisse, denen der Werberat nur noch folgen konnte.

Innerhalb von fünf Jahren, zwischen 1933 und 1938, hatte der Rat zwar das Messe- und Ausstellungswesen unter seine Fittiche gebracht, aber gleichzeitig die lebendige Tradition des Messegedankens zerstört. So blieb die Hoffnung des Rates auf den »... Gebietszuwachs des Großdeutschen Reiches«, auf den »... neuen europäischen Wirtschaftsraum ... und der durch den Krieg geschaffenen Schicksalsgemeinschaft der europäischen Völker ...«,[76] welche nun mit Ausstellungen und Messen der deutschen Industrie beglückt werden sollten. Möglich waren diese Messen allerdings nur noch durch die gnadenlose Ausplünderung der besetzten Länder. Unter der Losung »Abwehr der Feind-Propaganda« sollte mit den Schauen jetzt die wirtschaftliche Potenz des Reiches demonstriert, über die kritische Gesamtsituation hinweggetäuscht werden. Hitlers Ausspruch 1939, »Deutsches Volk exportiere oder stirb«,[77] an den Werberat gerichtet, markierte den Schlußpunkt einer jetzt schneller voranschreitenden Katastrophe.

DIE MARKENARTIKLER

Im Jahr 1944 veröffentlichten in New York Paul F. Lazarsfeld, B. Berelson und H. Gaudet eine interessante Studie mit dem Titel: »The people's choice. How the voter makes up his mind in a presidential campaign«. Dieses Buch beschäftigte sich mit der Aufdeckung von Meinungs- und Willensbildungsprozessen während der Präsidentschaftswahl 1940, in der Wendell Wilkie gegen Franklin D. Roosevelt antrat. Die Forscher kamen zu dem Ergebnis, daß Autoritäten und Meinungsführer (opinion leader) »im Kommunikationsprozess eine Vermittlerrolle zwischen massenmedialer und personaler Kommunikation einnehmen«.[78] Auf dieser Publikation basierend, entwickelte Lazarsfeld und später der Sozialpsychologe K. Lewin die »Theorie des Zwei-Stufen-Flusses der Kommunikation«.[79] Dieses two step flow-Modell besagte, »that ideas often flow from radio to print to the opinion leaders and from them to the less active sections of the population«.[80] Die empirische Sozialforschung, die zu diesem Zeitpunkt in den USA schon gut zwanzig Jahre intensiv betrieben wurde, brachte zahlreiche Hypothesen über die Kommunikation hervor. Daß sich die Werbung, die ja ihrerseits auf die Massenkommunikationsmittel angewiesen war, dieser Vorstellungen bediente, lag auf der Hand. Im Kern ging es um den Versuch, mit bestimmten Methoden den Vorgang der Meinungsbildung gezielt zu steuern oder zu durchschauen.

MERCEDES-BENZ

Illustrierter Beobachter, 1934

Betrachtet man nun die Werbetechniken der Nationalsozialisten, so wird ins Auge fallen, wie eng die Nazis an den damals modernen Methoden der Massenbeeinflussung orientiert waren. Die Adaption der Reklamemittel, wie die ständige Wiederholung bestimmter Phrasen und eingängiger Slogans, stellte dabei nur eine Seite dar. Weit intensiver war die Verknüpfung exponierter oder zu protegierender Produkte und Ideen, politischer Ziele und Ideologien, mit prominenten Personen aus der Führungsriege Hitlers. Wenn jedoch jemand in Deutschland die Hypothese vom »opinion leader« vorwegnahm, so war es Adolf Hitler selbst. Setzte er doch schon früh wirkungsträchtige Auftritte und repräsentatives Gehabe ein.

Anzeige im Völkischen Beobachter, 1933

Eben erst aus der Haft in Landsberg 1924 entlassen, ließ er sich mit seinem auf NSDAP Kosten angeschafften Daimler Benz ablichten. Von nun an war die Verbindung des Mercedes-Sterns mit dem Hakenkreuz sozusagen sein Markenzeichen. Der Wirkung solcher Prachtkarossen beim einfachen Volk durchaus bewußt (schließlich gehörte damals ein Auto nicht zu den Selbstverständlichkeiten), posierte Hitler bei diversen Parteitagen und Auftritten immer im Daimler. Und die Herren im Vorstand dieses Unternehmens erkannten sehr rasch die damit verbundene Werbewirkung.

Ab 1931 kauft die Führungsgruppe der NSDAP – dann schon zu Sonderkonditionen und im Dutzend – die Luxusdroschken. Um den Fuhrpark zu komplettieren, schrieb Hitler »... im Mai 1932 an Kissel (Daimler-Direktor), er werde durchsetzen, daß alle führenden Nazis Mercedes Benz-Fahrzeuge benutzen sollten, und wies ... auf den Werbeeffekt hin, den dies für

Anzeige im Völkischen Beobachter, 1934

die Daimler Benz AG habe«.[81] In einem Geschäft zum gegenseitigen Vorteil erwarb Hitler 1931 den Typ 770 (»Großer Mercedes«) für 38 000 Reichsmark und ließ die Bezahlung teilweise durch zur Verfügung gestellten Anzeigenraum im »Völkischen Beobachter« begleichen.[82] Der Kauf eines Mercedes auf der Automobilausstellung für RM 40 000 brachte Hitler und Daimler einige Schlagzeilen und Fotos in der Presse. Über einen ganz besonderen Tauschhandel mit NS-Gauleiter Julius Streicher wußte Jakob Werlin (Daimler) in einem Verkaufsrapport 1933 zu berichten: »Am 2. September des Jahres (1933) findet die größte Veranstaltung der NSDAP, der Reichsparteitag in Nürnberg, statt. Gauleiter Streicher will uns als alleinige Firma zur beliebigen Straßenreklame zulassen, verlangt jedoch als Entschädigung dafür kostenlose Überlassung eines 1,7 Liter Cabriolets. Herr Direktor Kissel hat zugestimmt.«[83]

Zahlreich sind die Belege darüber, wie stark die Firma Daimler durch die NSDAP protegiert und gesponsert wurde. Für seine großzügigen Schenkungen (500 000 RM für den Bau eines Rennwagens) durfte sich Hitler dann im Gegenzug mit Daimler Benz-Pilot Rudolf Caracciola in den Wochenschauen zeigen und für die Pressefotographen präsentieren. Welchen besseren »opinion leader« hätten sich die Werber von Daimler wünschen können? Der Daimler-Stern symbolisierte angeblich deutsche Tugenden und Eigenschaften, und war damit zu einem Markenartikel qualifiziert, der Ideen, Gefühle und materielle Macht vermitteln konnte.

Überhaupt spielte die gezielte Förderung von Markenartikeln im Nationalsozialismus eine dominante Rolle. Schon kurz nach der Jahrhundertwende waren Unternehmen darauf gestoßen, daß nicht allein die Qualität der von ihnen hergestellten Produkte für den Erfolg entscheidend war, sondern die Methode, mit der das einzelne Produkt auf dem Markt eingeführt wurde. So gab es die einprägsamen Signets, Schriftzüge und Trade Marks, die ihrerseits wiederum auf die Verpackung Einfluß hatten. Möglichst unverwechselbare Besonderheiten in Namen und Aussehen wurden gesucht und gefunden. So stand die typische Odolflasche eben für Zahnpflege und die »Weiße Dame« von Persil für saubere Wäsche. Prominente Personen des öffentlichen Lebens für die Produktwerbung zu gewinnen, wie z.B. im Fall Hitler/Daimler, war noch nicht so häufig. Wenn der Maler Max Liebermann 1930 in großen Anzeigen warb: »Ich bin gegen die Mechanisierung der Kunst, wenn aber schon Apparate, dann so ausgezeichnete wie Electrola«,[84] war dies eher ein Novum.

Der Grund für den auffallenden Wandel in der Markenartikelwerbung ist vor allem in der staatsgelenkten Wirtschaft ab 1933

»Familie Schneeweiß« der Firma Persil. Entwurf: Louis Oppenheim

Abbildung Seite 81: Plakat zur Ausstellung, Berlin 1937, Entwurf: Kroll, Deutsches Propagandaatelier

Anzeige, 1930

zu suchen. Werbung und Politik in einem Maße zu verquicken, wie dies im NS-Staat geschah, brachte zwangsläufig die Protektion der »arischen« Markenartikel-Unternehmen mit sich. Deutlich ablesbar wurde dies in Hitlers Vierjahresplänen, in denen die Schwerpunkte der den Krieg vorbereitenden Produktion gesetzt wurden. Die Beteiligung führender Firmenvertreter und deren Werbeberater an den Staatsgeschäften prägten die Werbung besonders ab 1936 in Deutschland. Auch hier griff der Nazistaat auf Erfahrungen zurück. Im Jahre 1915 schuf Ludwig Roselius von der Firma Hag (Kaffee Hag) ein »Hilfskomitee für nationale Propaganda«, welches die deutschen Interessen in der Kriegszeit im Ausland vertreten sollte, und »ausschließlich zur Verfügung des Auswärtigen Amtes« stehen sollte.[85] Dieses Komitee setzte sich aus Inhabern und Vertretern bedeutender Markenartikel-Unternehmen zusammen. Mit dabei: Kommerzienrat Aust (Kathreiners Malzkaffee), H. Bahlsen (Hannoversche Keksfabrik), Richard Franck (Heinr. Franck Söhne), Geh. Kommerzienrat Henkel (Persil), Exzellenz Lingener (Odol), Ludwig Roselius (Kaffee Hag) und Generaldirektor Schmidt (Maggi).[86] Die in der Auslandswerbung und zentralen Reklameführung gemachten Erfahrungen wurden den Propaganda- und Expansionszielen des Staates angedient. Angemerkt sei hier noch, daß Roselius auch nach 1933 dem Werberat als aktiver Helfer zur Verfügung stand. Andere, später in der NS-Werbung eine wichtige Position einnehmende Personen kamen ebenfalls aus der Branche und hatten in den zwanziger Jahren Erfahrungen auf dem Gebiet der Reklame gesammelt. So Richard Künzler, ab 1933 Reichsfachschaftsleiter der Werbefachleute im NSRDW, der sich seit 1926 mit der Werbung für die pharma-

zeutische Industrie beschäftigte, oder Heinrich Salzmann, der seit 1920 als Werbefachmann für große Unternehmen tätig war und nach 1933 als Propagandaleiter der NSDAP in Sachsen fun-

Prospektumschlag, 1937, Entwurf: Kurt Kranz, Berlin

Inserat, 1937.
Entwurf:
Max Bittrof

gierte. Nicht zuletzt geht über Goebbels die Geschichte um, er hätte in den zwanziger Jahren für Kukirol (Gebißpflege) Werbetexte geschrieben.

Das zentrale Element der Werbung, auf mehr oder minder feine Art den Produzenten eines ähnlichen Produktes durch Marktdominanz und offensive Reklame ins Abseits zu drängen, besaß nach 1933 nicht mehr die Bedeutung, die es in der Werbung der zwanziger Jahre hatte. Der Staatssekretär Dr. Posse im Wirtschaftsministerium bemerkte auf einer Tagung 1936 sogar mahnend: »Gewiß, ich weiß, der weitere Auftrieb des Verkaufsgeschäftes ist heute manchem Unternehmer gar nicht erwünscht und so mancher ist mit Aufträgen übergenug eingedeckt, sogar mit öffentlichen Aufträgen, um die man gar nicht werben braucht, ... [jedoch, A. d. V.] der eingeführteste Markenname würde sehr bald seine Erinnerung verlieren, wenn man eine längere Zeit darauf verzichten wollte, ihn in Erinnerung zu bringen.« Nachdrücklich fordert Posse die Werber und Unternehmen auf, »nicht nachlassen in der Werbung ... in Zeiten ..., denen der Vierjahresplan seinen Stempel aufdrückt...«[87]

Hintergrund solcher Appelle waren die recht umfangreichen Auftragsschiebereien an Konzerne und Großunternehmen von Seiten der NSDAP, Wehrmacht oder der Deutschen Arbeitsfront (DAF), die ein weiteres intensives und teures Werben der Produzenten um den Verbraucher fast sinnlos erscheinen ließen. Dies mag u.a. der Grund für Firmenvertreter gewesen sein, wie z.B. für den Sekthersteller Kupferberg, so aktiv im Umfeld des

aus: Deutscher Drucker, November 1938

O b e n : Werbeanzeige für Ferienfahrten in die Ostmark, wie sie in den Tageszeitungen erschienen ist. Die Schrift der Schlagzeilen steht in keinerlei Beziehung zum Inhalt der Zeilen. — U n t e n : Änderungsvorschlag: Durch Wahl einer gotischen Letter wird die Vorstellung des Lesers in unmittelbare Beziehung zu dem Begriff „Deutsche Ostmark" gebracht

Plakat, 1937
Entwurf: Karl Albrecht, Bremen

Werberates mitzuwirken, denn hier wurde so manches Geschäft auf den Weg gebracht. Die neuen Konstellationen für die Werbung wirkten sich in zwei Richtungen aus:

1) Zwischen 1933 und 1936 begann, nach anfänglich arger Volkstümelei, die Reklame in den Printmedien sich dem Prozess der Nivellierung in der Graphik, der Werbeaussage und der Typographie unterzuordnen. Stilelemente aus der Bauhauszeit, des Jugendstils und moderner amerikanischer Werbegestaltung wurden vermischt mit einem rascher an Boden gewinnenden Purismus und schematischem Abkupfern bestimmter Standards aus den zwanziger Jahren. Dazu kam der Wegfall der Insertion zahlreicher ausländischer Firmen, die noch bis in den Anfang der dreißiger Jahre das Erscheinungsbild der Werbung belebt hatten. Fraktur und biederer Werbestil herrschten nun vor. Fremdenverkehrswerbung geriet zeitweise in lyrischen NS-Redeschwulst, so ein Anzeigentext 1936 für Westerland/Sylt: »... die Brandung, das Sinnbild des Lebens, das hart anpackt und lachend gemeistert sein will. Man findet die Kraft dazu im brausenden Meer, in salziger Luft.«

Anzeige, 1935

Fast proportional zur abnehmenden kreativen Qualität in Text und Gestaltung steigerte sich die technische Perfektion. Dies nicht nur bei den Anzeigen, sondern gerade auch in jenen Medien, die sich zunehmender Beliebtheit erfreuten, dem Kinospot und der Neonwerbung. Jedoch hielt diese Entwicklung nicht lange an, denn die Kriegsvorbereitungen erforderten sämtliche Rohstoffe. Die Anzeigenformate schrumpften ab 1938 auf halbe und viertel Seiten.

2) Die Markenartikelindustrie, z.B. Erzeuger von Waschmitteln, Bekleidung, Lebensmitteln usw., kam in den vollen Genuß staatlicher Protektion. Staatsaufträge sicherten die Möglichkeit, neben der gewünschten Gemeinschaftswerbung auch noch eigenständig Werbung zu betreiben, denn eine völlige Ausschaltung der Konkurrenz gab es nicht. So war denn auch Mercedes-Direktor Kissel 1937 äußerst empört, als der Reichsführer der SS, Heinrich Himmler, den 2,5 Liter Opel Wagen zum Dienstfahrzeug seiner Truppen auswählte. »... es berührte ihn schon, wie es möglich sei, daß das Opel-Fabrikat derart protegiert werde. Man sei doch sonst so 'judenfeindlich', aber hier nicht. Jedermann wisse doch, das Opel der General Motors gehöre, und es sei bekannt, daß dies eine ausgesprochen 'jüdische Gesellschaft' sei.«[88]

Plakat, 1939,
Entwurf:
Anton Jung,
Berlin

Abbildungen
Seite 88:
Zeppelin-
Werbung,
1937, Entwurf:
Jupp Wiertz

Seite 89:
Neonwerbung
1937, Berlin,
Askanischer
Platz

Der Kampf der Markenartikelhersteller gegeneinander fand somit in der Arena statt, die der NS-Staat ihm geschaffen hatte. Auf der Strecke blieben der Kleinproduzent und auch der Verbraucher. Sogenannte »Markenartikeltechniker« in der Werbung, wie Hundhausen oder Domizlaff, die sich darauf kaprizierten, neben der allgemeinen Zielplanung zur Werbung die 'großen Linien' der 'Vierjahrespläne' Hitlers auf Unternehmen anzuwenden, domi-

U-Bahn-Werbung, Berlin, 1939

nierten. Denn ebensosehr wie die Reklame und Werbung politisiert und Teil der politischen Propaganda wurde, konnte die Markenartikelindustrie erstmalig umfassende Unterstützung durch den Staat erfahren. Wenn jemand dieser Industrie zum Durchbruch verhalf, so waren es die Nationalsozialisten.

DIE REICHSWERBESCHULE BERLIN

Einen besonderen Ausbildungsgang für Werbefachleute zu schaffen, dies schwebte schon den Werbern der zwanziger Jahre vor. Gehoben werden sollte damit einmal die Seriosität des Berufes, auf der anderen Seite wurden die Anforderungen, z.B. an Werbeleiter großer Betriebe, tatsächlich immer höher. Kenntnisse im kaufmännischen Bereich, Überblick über die graphischen und gestalterischen Möglichkeiten, weitreichende Kampagnenplanung, Abstimmung mit den unterschiedlichen Abteilungen des Betriebes, quasi wissenschaftliche Analysen – alles dies gehörte zum Berufsalltag. Die Anstrengungen des DRV gingen 1929 in die Richtung einer Vereinheitlichung der Ausbildung. Die Abteilung Werbung an der Höheren Graphischen Fachschule Berlin erfüllte nur teilweise diese Forderung. Im Regelfall lernte ein Lehrling den Beruf in den unterschiedlichen Abteilungen eines Betriebes oder einer Agentur und spezialisierte sich dann später. Auf Anordnung der NS-Reichsfachschaft deutscher Werber wurde am 4. Mai 1936 in Berlin die Höhere Reichswerbeschule zunächst in der Meisterschule für Graphik und Buchgewerbe in der Andreasstraße 1-2, nahe der Jannowitzbrücke, gegründet. Reichsfachschaftleiter Richard Künzler, ein Mann, der schon 1923 der SA angehörte, übernahm die Leitung der Schule. Für die »Allgemeine Aufsicht« war der Werberat zuständig. Gründungszeitpunkt und Intention fielen nicht zufällig in dieses Jahr. Der Werberat besaß jetzt bald drei Jahre Praxis, die wichtigsten Reglementierungen hatte der Rat durchgesetzt und sich einigermaßen stabilisiert, so daß nun intensiv an die Ausbildung einer neuen Generation von Werbern gegangen werden sollte. Dies lief zeitgleich mit der stringenteren Ausrichtung der Werbung auf Hitlers »Vierjahrespläne«. Die Wirtschaft und Industrie benötigte im Geist der Zeit ausgebildete Werber. Die Aufgabenstellung umriß der Werberat folgendermaßen.

»Nur der Werber, der etwas kann, wird der Werbewirtschaft etwas nützen. Dazu gehört aber nicht nur technische Virtuosität, sondern es muß dazukommen eine eingehende Kenntnis der Wirtschaft, der Werbefachmann muß mit dem Wirtschafter in seiner Sprache reden können, ... und er muß nicht zuletzt ein Vertreter der neuen deutschen Wirtschaftsauffassung und Wirtschaftsgesinnung sein. Um diesen Typ des Werbeberaters in der großen Masse unserer Werbefachleute einmal zu besitzen – deswegen ist die Höhere Reichswerbefachschule ins Leben gerufen worden. Die Höhere Reichswerbefachschule soll die Pflanzstätte dieses Nachwuchses werden.«[89]

Im Zentrum der praxisorientierten Ausbildung über vier Semester stand die Erlernung von Theorie und Praxis der Werbung und die Möglichkeit der Spezialisierung. Zu den Lehr- und Prüfungsfächern z.B. in der Fachrichtung Betriebswerbung – eine andere war die sogenannten Schau-Werbung – gehörten: Werbelehre, -psychologie, -recht, -kosten, Marktuntersuchung, Werbliche Wirtschaftslehre, ein Werbepraktikum und der Werbetext. Eine ehemalige Studentin der Reichswerbeschule berichtet, daß u.a. »... marktgerechte Produkte konzipiert und deren Marktwert durch Markt- und Meinungsforschungsbefragungen

Abbildungen
Seite 92:
Plakat der deutschen Heringshandelsgesellschaft, Bremen, 1937

Seite 93:
Kampagne zur »Verbrauchslenkung«, 1937

Kampf dem Verderb

jetzt erst recht!

getestet wurden. Man erarbeitete Kampagnenkonzepte und setzte sie in Text- und Bild-Ideen um, übte die Strategie des Werbeeinsatzes bis ins Detail. Die Schauwerbung-Studenten, deren Studienziel auf die Messe-, Ausstellungs- und Schaufenstergestaltung gerichtet war, erarbeiteten mit intensiver Graphik-Orientierung Konzepte. Die Pflichtstundenzahl betrug pro Woche 40 und dann kamen noch Zusatzveranstaltungen dazu. Die Hausaufgaben, die wir bekamen, waren ebenfalls Pflicht ... Eine politische Einflußnahme auf die Arbeit und das Klima konnte ich nicht beobachten. Wir als Studenten der Reichswerbeschule (RWS) wurden allerdings – wie andere Studenten auch – routinemäßig in die Arbeitsgemeinschaft Nationalsozialistischer Studenten aufgenommen. Diese Institution beeinflußte jedoch, soweit ich das beobachten konnte, die Arbeit der RWS nicht. Der Eintritt schien notwendig, weil man den Stempel dieser Institution für das an jedem Semesterende fällige Testat brauchte. Wir empfanden das als reine Formsache. Die Vorlesungen waren frei von politischen Themen, es war ebenso kein staatspolitischer Unterricht angesagt. Wir widmeten uns ausschließlich und mit viel Engagement den Sachthemen. Dabei bestand ein außerordentlich gutes Lehrklima zwischen den Studenten und Dozenten. Flair und Stimmung erinnerten zeitweise an das vielgerühmte Fluidum der Berliner Kunstschulen (in ihrer Glanzzeit). ... Natürlich gab es auch Profis, die sich der Werbung als Beruf verschrieben hatten – aber es waren noch nicht viele. Meist hatten sie sich ihre Arbeits-Theorien aus amerikanischer Literatur geholt. Als Vordenker galten damals für uns Leute wie Hans Domizlaff, der unumstrittene Markentechniker. Oder Egon Juda, der den sogenannten 'Argumenter' entwickelte. Ein Arbeitsgerät in Form einer Drehscheibe, die als Denkhilfe gedacht war: sie enthielt alle für ein Werbekonzept relevanten Kriterien. Wündrich-Meißen unterhielt schon seinerzeit eine Beratungsagentur und war bekannt für seinen klaren Werbestil. Eugen Johannes Maecker, auch RWS-Dozent, verstand sich als Fachmann für Kaufmotive und Werbepsychologie. Als Profitexter galten Köhler, Walter Ernst Schmidt (RWS-Dozent) und Strix.«[90]

Das Studium bildete junge Studenten, aber auch in zahlreichen Lehrgängen schon erfahrene Werber aus. Diese Fortbildungslehrgänge wurden, entsprechend den Berufsgliederungen in Gebrauchs- und Betriebswerber untergliedert. Das Durchschnittsalter dieser Kurse zwischen 1936 und '39 lag bei ca. 35 Jahren.[91] Die Studenten schlossen mit einem Diplom als »Werbeassistent« die Ausbildung ab. Im Jahr 1940 studierten in sieben Klassen 85 Studenten und die Weiterbildungslehrgänge verzeichneten 249 Teilnehmer.[92] Die Mitgliedschaft aller Teilneh-

Ausstellung in der Höheren Reichswerbeschule

mer im NSRDW wurde zur Voraussetzung der Kurse und des Studiums gemacht. Damit verhinderte der Rat gleichzeitig, daß jüdische Studenten oder Werbepraktiker an den Veranstaltungen teilnehmen konnten. Zudem durften nur diejenigen, die sich den Kursen unterzogen, eine Zulassung zur Lehrlingsausbildung bekommen. Die Lehrkräfte rekrutierten sich zum größten Teil aus erfahrenen Werbeleuten, die, wie z.B. Egon Juda, das goldene Ehrenabzeichen des NSRDW trugen.[93]

1938 nannte sich die Institution in »Werbefachliche Lehranstalt« um.

Am Rande sei hier bemerkt, daß der Werberat unmittelbar nach der Besetzung Österreichs sich die Ausbildung der Werber auch hier unterwarf. Für die in Wien arbeitende »Fachschule für Schaufenstergestaltung«, die ca. 110 Kursteilnehmer verzeichnete, bekam jetzt der Werberat die »... verwaltungsgemäße und pädagogische Leitung ...«[94] übertragen.

Die Berliner »Lehranstalt« richtete im Juli 1937 für leitende Betriebswerber einen »Ersten werbefachlichen Studiengang« ein. Zu solchen Anlässen erschien zumeist die ganze Gruppe der Werberatsleiter, um in Reden zu beschwören, daß den Teilnehmern eines solchen Studiengangs die Aufgabe zufalle, in ihrem »... Wirkungsbereich Erziehungs- und Aufklärungsarbeit zu leisten«.[95]

Es kann davon ausgegangen werden, daß die Schule nach Kriegsanfang nicht mehr sehr viele Studenten — der Anteil der Studentinnen lag etwa bei 20 Prozent — ausbildete, denn die wurden nun zur Armee eingezogen. Insofern, aber auch durch die bald spürbaren Kriegsereignisse (1943 wurde das Gebäude durch einen Bombenangriff zerstört) blieb die Geschichte dieser

Schule nach sieben Jahren in den Ansätzen stecken. Wie der Bericht der ehemaligen Studentin zeigt, kann die Ausbildung an der RWS nicht mit einer Kaderschmiede für NSDAP-Propagandisten verglichen werden, wenngleich die Leiter dieser Schule dies vielleicht gerne gesehen hätten. Es entsprach aber, wie auch an anderer Stelle schon betont, dem NS-System, sich moderner und dem internationalen Standard angeglichener Mittel zu bedienen. Die Verweise auf die Rolle der Marktforschung und der detaillierten Kampagnenplanung im Lehrplan belegen dies ebenso wie die geschilderte Möglichkeit, einen relativ politikfreien Raum zumindest für kurze Zeit zu bewahren.

Möglicherweise hat gerade eine solche Situation mit dazu beigetragen, die Werbung als politisch neutral zu betrachten, als ein Arbeitsgebiet, das sich ausschließlich dem Produkt und der Dienstleistung widmet.

AUS WERBUNG WIRD »JÜDISCHE REKLAME«

Die antisemitische Grundeinstellung des Rates war mit seiner Gründung durch das Goebbelsministerium festgelegt. Es war nicht nur der von Hitler und Streicher neu aufgelegte Ausspruch »Die Juden sind unser Unglück«, der aus der Zeit des beginnenden Antisemitismus um 1870 stammte, vielmehr war es der zum Programm erhobene Judenhaß der NSDAP, der diese Festlegung bestimmte. Eingewoben in eine Vielzahl von Erlassen und Gesetzen, die sich gegen Juden richteten, waren auch die Aktivitäten des Werberates zur systematischen Verdrängung der von Juden geführten Unternehmen und Anzeigenagenturen. Hier soll zusammengefaßt nur ein kleiner Ausschnitt aus der gesamten Verfolgung wiedergegeben werden.

Schon am 1. April 1933 zeigte sich, daß der Antisemitismus gegen jüdisches Eigentum gerichtet war, Firmen und Geschäfte wurden boykottiert.
14. März 1933: Gesetz über den Widerruf von Einbürgerungen und die Aberkennung der deutschen Staatsbürgerschaft; richtete sich besonders gegen Juden, die nach 1918 aus dem Osten Europas nach Deutschland einwanderten.
März/April 1933: Juden werden aus den Vorständen von Banken, Wirtschaftsverbänden und Behörden entlassen. Der Vorsitzende der IHK-Berlin, F.V. Grünfeld, muß sein Amt niederlegen.
24. Januar 1934: »Gesetz zur Ordnung der nationalen Arbeit«. Jüdische Arbeitnehmer dürfen nicht in der »Deutschen Arbeitsfront« Mitglied werden und haben dadurch zahlreiche Nachteile.
August 1934: Jüdische Geschäfte und Firmen aller Art müssen auf Anordnung von Schacht als solche gekennzeichnet werden.
15. September 1935: Erlaß der Nürnberger Rassegesetze.

14. November 1935: Aberkennung der deutschen Staatsbürgerschaft für Juden.
August 1936: Göring betreibt gezielt die sogenannten Arisierung jüdischer Unternehmungen.
22. April 1938: »Verordnung gegen die Unterstützung und Tarnung jüdischer Gewerbebetriebe«.
26. April 1938: »Verordnung über die Anmeldung des Vermögens« jüdischer Bürger.
20. Juni 1938: Jüdische Vertreter und Reisende werden mit Berufsverbot belegt.
5. Oktober 1938: Reisepässe von Juden werden mit einem »J« gekennzeichnet.
9./10. November 1938: Novemberpogrom.
12. November 1938: »Verordnung zur Ausschaltung von Juden aus dem deutschen Wirtschaftsleben«. Die Zwangs»arisierung« wird eingeleitet.

Der organisatorische Aufbau des Werberates durch das Propagandaministerium bedingte, daß nur Parteimitglieder oder aber völlig willfährige Personen mit der Führung beauftragt wurden. So war der Antisemitismus personell verankert. Der Haß der NSDAP auf die Zeit der Weimarer Republik und die hier − erstmals in Deutschland − errichteten demokratischen Strukturen richtete sich mit besonderer Schärfe auch gegen das Wirtschaftssystem dieser Zeit.

Daher grenzte sich auch die Propaganda des Werberates gegen die Weimarer Republik ab:

»Wirtschaftswerbung im neuen Reich ist in Planung und Anwendung etwas anderes als Werbung in der liberalistischen Periode der Vergangenheit. Reklame damals war nichts, als eine harte Waffe für gesellschaftliche Einzelinteressen. Heute ist [Werbung ein, A. d. V.] ... Instrument zur planmäßigen Beeinflussung ... in Richtung gemeinwirtschaftlicher Ziele.«[1]

»Im liberalistischen Wirtschaftssystem war auch [die Werbung, A. d. V.] ... wie alle Wirtschaftsmittel, nach dem Prinzip des 'laisser faire', dem freien Ermessen des Einzelnen anheim gestellt. Dieser Mißbrauch der Werbung ist die entscheidende Waffe dafür, daß ihre eigentlichen Aufgaben vielfach übersehen wurden ...«[2]

Die Begrifflichkeit des »liberalistischen Wirtschaftssystems« und der »liberalistischen Periode« stand als Nazimetapher für die Weimarer Zeit, die − so die Meinung der NSDAP − durch die Politik des »Juden« geprägt wurde. Danach war auch »Reklame ... im Grunde nichts als ein Überbleibsel jüdisch liberalistischer Wirtschaftsauffassung...«[3]

Schon im November 1933 setzte der Rat die Grundlinien fest, nach denen er in den kommenden Jahren eine jüdische Beteiligung in der Werbebranche bekämpfte:

1) Nur derjenige durfte Wirtschaftswerbung gestalten und durchführen, der die Genehmigung des Werberates dazu besaß.

2) Die Werbung mußte »... in Gesinnung und Ausdruck deutsch sein. ... Sie darf das sittliche Empfinden des deutschen

Völkischer Beobachter, Oktober 1936

Volkes, insbesondere sein religiöses, vaterländisches und politisches Fühlen und Wollen, nicht verletzen. ...

3) Wer Wirtschaftswerbung ausführt, hat dabei als ehrbarer Kaufmann zu handeln.«[4]

Wenngleich diese Ausführungen dem Wortlaut nach nicht eindeutig antisemitisch waren, konnten sie in der Praxis dennoch so angewendet werden. Dem Werberat ermöglichen diese Richtlinien ein Maximum an Entscheidungskompetenz. War die Tätigkeit und Fähigkeit z.B. eines jüdischen Texters oder Graphikers erfordert, so beließ man ihn im Einzelfall noch bis Dezember 1938 in seinem Beruf.

Grundsätzlich jedoch änderte sich damit an der Haltung des Werberates nichts. Besonders Heinrich Hunke, Geschäftsführer (ab 1939 Präsident) des Werberates, tat sich in der Agitation gegen Juden hervor:

»Auch für die Wirtschaft gelten die Lebensgesetze unseres Volkes ... Wenn in den freien Berufen, nicht nur in der Zeitungs- und Filmwirtschaft, das Judenproblem erkannt sei, dann müsse es auch für die übrige Wirtschaft [erkannt werden, A. d. V.] ... Eine Verdrängung der Juden aus völkischen Gründen und nicht aus wirtschaftlichen, egoistischen, ist daher geboten.«[5] Dieser Aufgabe nachzukommen lag in Hunkes Intention und Amt. Als Gauwirtschaftsberater für Berlin schrieb er zu seiner Tätigkeit: Ich habe »... immer in erster Linie die Aufgabe verfolgt ..., den Widerstand gegen den jüdisch-liberalistischen Geist zu organisieren und so an der Schaffung eines nationalsozialistischen Unternehmertums mitzuwirken ...«[6]

Ein weiteres, wenn auch untergeordnetes Feld der Mobilisierung gegen jüdische Geschäftsleute und deren Werbung war die immer wieder aufs neue vorgetragene Hetze gegen die angloamerikanische Reklame. Hier erfolgte die in vielen Artikeln penetrant wiederholte Gleichsetzung von Juden und angeblich verlogener US-Insertion. Der Werberat baute auf ein gängiges, altes Schema: »Der Jude« als unehrlicher Kaufmann und Betrüger.

»Es gab auch bei uns vor irgendwelchen Jahren fanatische Nachbeter der amerikanischen Reklame. Daß es bei uns Juden waren, die jede USA-Reklame als bewunderungswürdig und anbetungsreif fanden, möge am Rand vermerkt werden, schwer genug, daß ein − wenn auch noch so ideenreicher und tüchtiger − deutscher Werbemann sich zu jener Zeit durchsetzen konnte. ... die deutsche Werbung ist im Laufe der letzten Jahre anständig geworden! Sie hat sich eine unbedingte Glaubwürdigkeit zu verschaffen gewußt, sie verspricht dem künftigen Käufer nicht goldene Berge, sie überzeugt ihn, daß der für sein sauer erworbenes Geld einen größtmöglichen Gegenwert erhält. Hand auf's Herz:

Polizei-Sport-Plakat, 1938, Entwurf: Max Bittrof

Hat Fräulein Lotte nun Glück gehabt oder war der schnelle Sprung nur die Folge ihrer wachen Augen, ihrer schnellen Entschlußkraft? Auch der Vorsichtigste kann heut' in solche Lagen kommen, wo man jeden Nerv braucht und oft schon ein bißchen Unlust, ein wenig Verstimmung genügen, um die letzte Sekunde zu verpassen ... Denken Sie aber an sich selbst! Gewiß sind auch Sie geschützt durch Ihre Geistesgegenwart; - wie aber ist's in Ihren „kritischen" Tagen? Wenn Sie sich dann vor Unlust und müder Stimmung bewahren wollen, dann greifen Sie zur neuzeitlichen Camelia-Hygiene, die Ihnen ein sicheres Gefühl der Frische und Freiheit gibt und Ihnen hilft, das Leben leichter zu meistern. Die ideale Reform-Damenbinde „Camelia" ist ja bekannt! Viele Lagen feinster, weicher Camelia-Watte (Zellstoff) geben ihr die große Saugkraft und verbürgen die unauffälligste Vernichtung, während der einzigartige Camelia-Gürtel für sicheres, beschwerdeloses Tragen sorgt.

Camelia

Rekord	10 St.	M. -.50
Populär	10 St.	M. -.90
Regulär	12 St.	M. 1.35
Extra stark	12 St.	M. 1.50
Reisepackung	5 St.	M. -.75

Die ideale Reform-Damenbinde

Anzeige, 1938

Ist diese Methode nicht sauberer, ehrlicher? Will jemand im Ernst sagen, daß er lieber nach USA-Regeln werben möchte? Ein Tor, der hier ja sagen würde!«[7]

Der zwangsweise Verkauf der Verlagshäuser – und mit ihnen der großen Annoncen-Expeditionen Mosse und Ullstein, die Bildung des Anzeigentrusts »Nationalsozialistische Anzeigenzentrale« (NAZ) mit dem gesamten Netz und Kapital der Ala-Anzeigen A.G., alles dies führte schon in der Printwerbung zu einer massiven Einschränkung der Inseratenwerbung jüdischer Unternehmen, wollten sie nicht in der NS-Presse annoncieren. Doch gab es noch einige Zeitungsverleger, die Anzeigen, ob aus wirtschaftlichen oder anderen Gründen, von jüdischen Unternehmern aufnahmen. So weist im »Niedersächsischen Beobachter« im September 1935 ein Dr. Fr. Wilutzky darauf hin, »... daß in den Allgemeinen Geschäftsbedingungen für das Anzeigenwesen die Aufnahme eines Anzeigen- oder Beilagenauftrages wegen 'des Inhalts, der Herkunft oder der technischen Form abgelehnt' werden kann.« Mit dem Hinweis auf die 3. Bekanntmachung des Werberates, in der dieses geregelt wird, empfiehlt er, daß »keine Zeitung Anzeigenaufträge jüdischer Firmen anzunehmen braucht«.[8] Offensichtlich hielten sich einige Zeitungsverleger nicht daran, denn eine Tabakfirma mit jüdischem Eigentümer, »Kurmark«, warb für ihre Produkte, zum Verdruß Wilutzkys, in niedersächsischen Blättern. Er fürchtet, daß jetzt der »arglose Kunde« nicht mehr in ein »deutsches Geschäft« gehen kann, denn dort besteht die Gefahr, daß er »ein rein jüdisches Erzeugnis« bekommt. Ein Dorn ist ihm ebenfalls die »Niedersächsische Tages-Zeitung«, denn die veröffentlichte ganzseitige Werbungen für Schatzanweisungen, darunter mit den Namen Bleichröder, Simon, Hirschfeld usw. Wilutzky appelliert an die Zeitungsverleger und Plakatfirmen, keine Anzeigen und Werbung jüdischer Firmen mehr anzunehmen.

In Mannheim ging die Polizei mittels Beschlagnahme der Werbeschriften gegen den jüdischen Besitzer der Zigarrenfabrik Heinrich Jacobi vor.[9]

Das Amtsgericht Jena beendete die Klage eines jüdischen Inserenten, der darauf bestand, auch in NS-Blättern annoncieren zu dürfen, mit einem Urteil vom 14. September 1937. »Es widerspricht den elementarsten nationalsozialistischen Grundsätzen, daß eine parteiamtliche Zeitung Anzeigen von Nichtariern aufnimmt. Zu dem lebenswichtigen Kampf um die Freiheit der Presse vom jüdischen Einfluß gehörte und gehört die Ausschaltung der jüdischen Anzeigenaufträge. Es ist deshalb für jeden Deutschen selbstverständlich, daß eine nationalsozialistische Zeitung keine Anzeigen von Juden oder Judenstämmlingen aufnimmt. ... Darum ist ein solcher trotzdem abgeschlossener Vertrag von vornherein nichtig.«[10]

Waren bis 1936 noch Ausnahmeregelungen für jüdische Werber oder Inserenten möglich, so wurden diese jetzt Schritt für Schritt abgebaut. Der Werberat stützte sich in seiner Ausschlußpraxis besonders auf die technokratische Lösung mit der 2. Bekanntmachung, nach der eine Anzeige schon wegen ihrer Herkunft abgelehnt werden konnte, andererseits hatte er die Satzung des von ihm geschaffenen NS-Reichsfachschaft deutscher Werbefachleute (NSRDW) vom Januar 1936 zur Verfügung. Gegründet wurde der NSRDW schon im November 1933. »Reichsfachschaftsführer des NSRDW« war der Münchner

Anzeige, 1937

ner Hugo Fischer, seit 1922 NSDAP-Mitglied und seit 1933 stellvertretender Reichspropagandaleiter. Stellvertreter war, ebenfalls aus München stammend, der Werbelehrer und -berater Richard Künzler. Mit 18 500 Mitgliedern war dies die größte Organisation der Werber im Nazistaat. Als Mitglied des NSRDW konnte jemand abgelehnt werden, wenn der »Bewerber persönlich unzuverlässig oder sonst offensichtlich ungeeignet ist«.[11] Zusammen mit der zitierten Bekanntmachung, die die Loyalität von Werber und Werbung zum NS-Staat voraussetzte, hatte der Werberat schon 1933 seine eigenen Begründungszusammenhänge zur Judenverfolgung in der Werbung geschaffen. So war es also nur eine Frage des Zeitpunktes, wie und wann der Werberat – auf höhere Weisung – dieses Instrumentarium einsetzte. Das geschah ab 1938 forciert. Nun wurde dem interpretatorischen Spielraum eine feste Deutung zugeschrieben: Es sollten im

NSRDW »nur Deutschblütige Aufnahme finden können«.[12] Ausnahmeregelungen seien nicht mehr möglich. In einer Publikation des Werberates heißt es:

»Nichtarier in der Wirtschaftswerbung. In der noch bestehenden Möglichkeit der Erteilung einer Einzelgenehmigung des Werberates konnte nur Gebrauch gemacht werden, wenn der Antragsteller Mischling oder Jude war. Diesem wurde die Einzelgenehmigung nur dann erteilt, wenn für sie auch nach anderen rechtlichen Bestimmungen eine Sonderbehandlung gerechtfertigt war (Frontdienst usw.). In letzter Zeit hat sich bei der Behandlung der Anträge auf Erteilung einer Einzelgenehmigung gezeigt, daß die Antragsteller vielfach schon längere Zeit hindurch die Tätigkeit eines Werbefachmannes ausgeübt haben, ohne den erforderlichen Antrag zu stellen, und das sie erst dann um die Einzelgenehmigung nachgesucht haben, nachdem sie durch die zuständigen Stellen auf ihre unzulässige Betätigung hingewiesen worden waren.

Um hier klare Verhältnisse zu schaffen, wird darauf hingewiesen, daß nach dem 15. März 1938 keine Genehmigungen mehr für solche Antragsteller erteilt werden, die bis jetzt eine genehmigungspflichtige Tätigkeit ohne Genehmigung ausgeübt haben.«[13]

So bürokratisch und rassistisch ein solcher Text auch ist, man kann dennoch die Notlage derjenigen herauslesen, die von solchen Maßnahmen betroffen waren. Gewiß hatten Juden versucht, so lange wie möglich unentdeckt in ihrem Beruf zu arbeiten, vielleicht sogar unter dem Schutz ihrer Auftraggeber. Doch diese kleinen Nischen wurden jetzt endgültig beseitigt. Der »Reichsstatthalter« Sauckel stellte auf der Tagung der thüringischen Werbefachleute fest: »... keine jüdischen Auslandsvertreter mehr! ... deutsche Werbung hat mit jüdischer Reklame von einst nichts mehr zu tun.«[14]

Nach den antisemitischen Ausschreitungen vom November 1938 sperrt Hunke alle Ausnahmegenehmigungen:

»Einzelgenehmigungen für Juden widerrufen. Mit Wirkung vom 1. Januar 1939 hat der Präsident des Werberates der deutschen Wirtschaft die an Juden erteilte Einzelgenehmigung zur Ausübung ihres Berufes als Werbefachmann widerrufen. Demnach kann nach dem genannten Zeitpunkt kein Jude mehr als Werbefachmann tätig sein. Von dieser Anordnung werden 76 jüdische Werbefachleute betroffen, denen aus irgendwelchen Gründen bisher die Genehmigung zur Ausübung ihres Berufes erteilt war.«[15]

Mit dieser »Anordnung« wurde der 1933 begonnene Prozeß der »Entjudung« der Werbebranche nun zum Abschluß gebracht. Die Werbewirtschaft war »judenfrei«.

Wieviele Reklame-, Werbe- und Graphikbüros, wieviele Annoncenexpeditionen, Werbemittler, Reinzeichner und Reklamekünstler von diesen Maßnahmen seit 1933 betroffen waren, ließ sich mangels spezifischer Statistiken und Quellen nicht ermitteln. Neben Berlin, Leipzig, Hamburg und München war Wien, das ja nach der Besetzung 1938 in den Einflußbereich des Werberates fiel, die wichtigste Stadt, in der Werbung vermittelt und gestaltet wurde. Hier sollen im Jahr 1934 280 Reklamebüros mit jüdischen Eigentümern tätig gewesen sein.[16] Sicher gab es bald nach dem Einmarsch keines dieser Büros mehr, denn der Werberat ging, mit seinen österreichischen Vertretern Hanns Kropff von der Hochschule für Welthandel und Karl Passarge,

Warnung!

Wiederholt haben wir in letzter Zeit festgestellt, daß unwahre Gerüchte über unsere Firma in Umlauf gesetzt werden.
Wir geben hiermit in aller Öffentlichkeit bekannt, daß unser Unternehmen ein rein deutsches ist, nur mit deutschem Kapital arbeitet und auch die Inhaber sind Deutsche. Es besteht keinerlei Beteiligung in irgendeiner Form von nichtdeutscher Seite.
Wir werden in Zukunft jede Ausstreuung unwahrer Behauptungen über unsere Firma gerichtlich verfolgen lassen und den Verbreiter solcher Nachrichten zur Rechenschaft ziehen.

Schneller & Co. G.m.b.H.

GRAPHISCHE KUNSTANSTALT NÜRNBERG

Inserat in der »Gebrauchsgrafik«, Juli 1938

Leiter der Auslandsabteilung des Rates, in Wien nicht anders mit jüdischen Werbern um als im »Altreich«.

Zu diesem Zeitpunkt hatten schon etliche Gebrauchsgraphiker unter dem Druck der Nazis Wien und auch Berlin verlassen. Zu ihnen gehörten:

Georg Adams (Georg Teltscher),[17] Graphiker und Designer, 1904 in Österreich geboren, Studium am Bauhaus in Weimar, 1925-28 leitender Gebrauchsgraphiker der Firma Vakum Oil & Co., später künstlerischer Leiter der Hamburger städtischen Anzeigen GmbH. Emigrierte über Spanien nach England.

Erich Arnold Bischof,[18] Maler und Graphiker, 1899 in Berlin geboren, Studium an Kunstgewerbe- und Handelsschule in Berlin bei Graphiker Walter Heissig, KPD-Mitglied, arbeitete an der Werbung der Büchergilde und für das deutsche Kulturzentrum Urania in Prag. Emigrierte 1939 nach England.

Lucian Bernhard, einer der großen deutschen Werbegraphiker, der maßgeblich den Stil seiner Zeit prägte, hielt sich schon aus beruflichen Gründen seit 1925 in New York auf. 1932 wurde durch einen antisemitischen Beschluß der Staatlichen Kunstschule in Berlin seine Professur abgelehnt. Bernhard blieb in den USA (siehe dazu auch das Interview mit L. Bernhard).

Hugo (Puck) Dachinger, Maler und Graphiker, 1908 in Gmunden (Österreich) geboren, studierte 1929-32 in Leipzig und beschäftigte sich hier schon mit Schaufensterdekorationen zur Sicherung des Lebensunterhalts. In Wien meldete Dachinger sein Gebrauchsmusterpatent für den »Reklamograph« an. Das waren bewegliche, auf Glas zu befestigende Buchstaben zur Beschriftung von Fenstern oder Schaufenstern (das Letra-Set wurde nach diesem Prinzip entwickelt). Seine in Wien aufgebauten Werkstätten verlor Dachinger durch die »Arisierung«. Er emigrierte 1938 über Dänemark nach England. Zusammen mit der Firma Sevill & Co. arbeitete er weiter an seinem Patent und entwickelt hier noch den Glu-Pen als Hilfsmittel der Werbegraphik. Er widmete sich dann hauptsächlich der Malerei. Verschiedene Ausstellungen in England, Österreich und Berlin. Hugo Dachinger lebt und arbeitet heute in London.

Ernst Deutsch (Dryden), 1883 in Wien geboren, Schüler Gustav Klimts, künstlerischer Direktor der Ullstein-Zeitschrift »Die Dame«, wurde sowohl durch seine Modezeichnungen als auch die Werbung für Manoli-Zigaretten und die Autofirma Bugatti bekannt. Emigrierte 1933 nach Hollywood und arbeitete hier erfolgreich als Kostümdesigner. Ernst Deutsch-Dryden starb 1938, kurz nach der Okkupation Österreichs, in Hollywood an Herzschlag.

John Heartfield,[19] Graphiker, Gebrauchsgraphiker, Fotomonteur, Bühnenbildner, geboren 1891 in Berlin, emigrierte 1933 in die Tschechoslowakei und 1938 nach England. Neben einer nur recht kurzen Tätigkeit 1912 als Werbegraphiker in München widmete sich Heartfield hauptsächlich mit seinen genialen Arbeiten dem politischen Plakat und der Fotomontage. Lebte nach dem Krieg in Leipzig und Berlin (DDR). John Heartfield starb 1968.

Georg Him,[20] Graphiker und Designer, geboren 1900 in Lodz, studierte in Leipzig an der Graphischen Akademie für graphische Künste und Buchgewerbe. Ab 1933 drei Jahre für die Werbeagentur Lewitt-Him in Warschau tätig. Emigrierte mit Yan Lewitt 1937 nach England und war hier u.a. mit seiner Agentur bis 1954 wieder für die Werbung tätig. Nach dem Krieg bekannt durch seine Arbeit für Schweppes und Haus Neuerburg. Lehrer an Londoner Kunsthochschulen.

Kurt Lade,[21] Maler und Graphiker, geboren 1905 in Posen, emigrierte 1936 nach Prag, dann nach London. Zuvor war er zeitweise als Werbeleiter der Margarine-Union tätig. Arbeitete später hauptsächlich als Maler, Bühnenbildner und politisch für die Akademie der Künste in Berlin (DDR). Kurt Lade starb 1973 in Berlin.

Max Oppenheimer (Mopp), 1885 in Wien geborener Maler, beschäftigte sich nur nebenbei mit der Werbegraphik, verließ 1933 Berlin und emigrierte 1939 in die USA. Seine wenigen Arbeiten in der Werbung gehören zu den Klassikern der Plakatkunst. Max Oppenheimer, der zu den berühmten Malern der Zeit gehörte, starb 1954 in New York.

Jan Tschichold (Johannes Tzschichold),[22] geboren 1902 in Leipzig, studierte an der Staatlichen Akademie für Graphische Künste und Buchgewerbe in Leipzig, danach freischaffender Graphiker. Mit Schwitters und anderen gründete er den »Ring neuer Werbegestalter« 1927. 1933 emigrierte er in die Schweiz und siedelte 1946 nach England um. Jan Tschichold starb 1974 in Locarno.

VERLORENE SPUREN

Unzweifelhaft hatten jüdische Gebrauchsgraphiker einen wichtigen Anteil an der deutschen Werbekunst, nicht weil sie Juden waren, sondern weil ihre Entwürfe und Ausführungen großes Können zeigten. Wenn heute eine Unterscheidung zwischen jüdischen und nichtjüdischen Graphikern notwendig wird, so deshalb, weil das Geschehene – und der Mantel des Vergessens, der darüber ausgebreitet wurde und wird – Unrecht schuf, an das erinnert werden soll.

Es erscheint heute wie ein Vermächtnis, wenn man sich die letzte Ausstellung über Werbegraphik im Jüdischen Museum Berlin, März 1937, vergegenwärtigt. Dort wurden unter dem Ausstellungstitel »Das Jüdische Plakat« die Arbeiten der wichtigsten jüdischen Werbegraphiker gezeigt. Darunter waren: Lucian Bernhard; Edmund Edel; Frau Frankenfeld; Fred Goldberg; Julius Klinger; Paul Leni; E. M. Lilien; Kurt Löwenstein; Louis Oppenheim; Joseph Oppenheimer; Max Oppenheimer; Orlik; Gretel Wiesenthal; Julie Wolftron.[23]

Bei dieser letzten Ehrung, die aus den Beständen des Plakat-, Werbe- und Graphiksammlers Dr. Hans Sachs stammte, ist es bis heute geblieben.

Der Werberat der deutschen Wirtschaft, der Ende 1938 seine Vollzugsmeldung an das Propagandaministerium abgeben konnte (»Es arbeiten keine Juden mehr in der Werbung«), begann nun, möglichst schnell alle Spuren, die noch auf Juden in der Werbung und im Geschäftsleben hinwiesen, zu beseitigen. Mit der Verordnung des Reichswirtschaftsministers vom 27. März 1941 nahm sich der Werberat der Aufgabe an, die von »... jüdischen Unternehmungen geführten Firmenbezeichnungen als eine Art jüdischer Denkmäler ...«[24] zu entfernen. »... Die Namen der jüdischen Geschäftsinhaber oder Gesellschafter müssen gänzlich verschwinden. ... Es wird die Aufgabe des Werberates sein, [die, A. d. V.] ... Entjudungsmaßnahmen ...«[25] zu überwachen.

Inzwischen war der Rat jedoch viel intensiver mit der Organisation der Werbung im Krieg beschäftigt. Seine letzte Aufgabe...

VIER LEBENSLÄUFE

GEORG B. EISLER
Ein Bericht von Johannes Senger

»Am 1. April 1931 betrat ich als angehender Lehrling erwartungsvoll das Bürohaus der Annoncen Expedition Heinr. Eisler in der Innenstadt von Hamburg, Alter Steinweg. Es war ein schmales, fünfstöckiges Gebäude. Im Erdgeschoß diente ein langer Büroraum dazu, Beratungsgespräche mit den Kunden zu führen und Gelegenheitsanzeigen anzunehmen. Im 1. Stock befand sich das Chefzimmer, außerdem waren dort die Räume für die beiden Prokuristen Faßnacht und Otto Hansen, sowie die Buchhaltung und ein Konferenzzimmer. Die oberen Räume waren den Verlagen, die zu H. Eisler gehörten, zugeteilt. Außerdem befanden sich hier die Räume für den Außendienst.

Eine Lehrstelle bei einer Annoncen-Expedition angesichts der großen Arbeitslosigkeit zu erhalten, war so gut wie aussichtslos. Horst Platen, Sohn des Hamburger Bürgermeisters und späterer Anzeigenleiter der Reisezeitschrift der Hapag 'Die Reise', Lotte Streit und ich waren die ersten Lehrlinge bei Eisler. Einen Lehrplan kannte man damals noch nicht, der mußte durch Eigeninitiative ersetzt werden. Doch wer sich darum bemühte, der lernte sinnvolle und konkrete Arbeit.

Zur H. Eisler-Gruppe gehörten drei völlig separat arbeitende Unternehmen. Es war der Geschäftsbereich Annoncen-Expedition, der Verlagsbereich mit den Titeln 'Deutshe Hotel-Nachrichten vereinigt mit Küche und Keller', 'Lustige Blätter', 'Die Hamburger Woche' sowie 'Frau und Gegenwart' und der Produktionsbereich 'Klischeeanstalt Selle & Eisler'. Die Gesamtlei-

Gesamtleitung der drei Unternehmensbereiche lag bei dem 1892 geborenen Georg B. Eisler. Der Verlagsbereich unterstand dem Prokuristen Oscar Schilling, Chefredakteur war ein Herr Fürber. Das sogenannte Platzgeschäft, als bedeutendster Umsatzträger, unterstand Herrn Faßnacht.

Hier dominierte Eisler als Annoncen-Expedition in der Stadt. Zu den Kunden gehörten fast alle großen Kaufhäuser. Mit Anzeigen belegt wurden das Hamburger Fremdenblatt, Hamburger Anzeiger, Hamburger Nachrichten, Der Korrespondent, Das Mittagsblatt, Die Volkszeitung (KPD) sowie das Hamburger Echo (SPD). Zu den von Eisler versorgten Zeitungen des Umfeldes von Hamburg mit den Inseraten des Hamburger Einzelhandels gehörten die Presseorgane in Harburg, Lüneburg, Pinneberg, Elmshorn usw. Diese Zeitungen des Einzugsgebietes erhielten freitags nacht die Matern für den Druck mit den letzten Zugverbindungen. So hielten die Leser am Haupteinkauftag, dem Samstag, die Inserate der Zeitungen in den Händen.

Eine weitere Kundengruppe waren die zahlreichen Auktionatoren und die täglich inserierenden großen Theater und Kinos. Umfangreich war ebenfalls das Geschäft mit dem Grundstücks- und Wohnungsmarkt sowie mit vielen Gelegenheitsanzeigen, die direkt in der Geschäftsstelle aufgegeben wurden. Unter den 40 Mitarbeitern herrschte eine aufgeschlossene Atmosphäre. Die Art des Geschäftes verlangte ein schnelles und korrektes Arbeiten. Der Kontakt zu den Markenartikelkunden war so eingespielt, daß nur ein kleiner Kreis von Vertretern zur Betreuung notwendig wurde. Die Inserate wurden in der Regel in Form von Reinzeichnungen oder Matern angeliefert; ein eigenes graphisches Atelier besaß nur der Verlag der Deutschen Hotel Nachrichten. Ein enger Kontakt wurde mit den freien Graphikern unterhalten, u.a. Prof. Hadank, Bruno Form und Karl Schreiber.

Gegründet wurde die Annoncen-Expedition Eisler 1884, nach dem Tod von Heinrich Eisler übernahm sein Sohn das Unternehmen. Ihm gelang es, eine führende Agentur mit Niederlassungen in Berlin und Frankfurt daraus zu bilden. Einziger ernst zu nehmender Konkurrent war die Annoncen-Expedition William Willkens, die sich später mit der Ala zusammenschloß.

Ein ausgesprochenes Unwesen war die unterschiedliche Rabattierung der Anzeigen. Sie wurde in extremen Fällen von den Großinserenten sogar diktiert. Die Gefahr des Etatverlustes war da schon sehr groß. Manchmal bekamen Großinserenten über 60 Prozent vom Anzeigentarif gutgeschrieben.

Als der Werberat 1933 eine gesetzliche Ordnung dareinbrachte, wurde dies von den Fachleuten sehr begrüßt. Jetzt wurden die Anzeigenleiter ebenso wie die Sachbearbeiter der An-

noncen-Expeditionen für das Umgehen der Bestimmungen persönlich haftbar gemacht. Das neue Gesetz bedeutete aber auch, daß es den Annoncen-Expeditionen untersagt wurde, die Anzeigen ihrer Ortskunden – das sogenannte Platzgeschäft – direkt abzuwickeln. Damit wurde dem Unternehmen Eisler der Boden unter den Füßen entzogen. Ich schätze, daß etwa 80 Prozent des Umsatzes von Eisler verlorenging. Was blieb, war das auswärtige Geschäft und die Herausgabe der Zeitschriften.

Anfang 1933 erschien ein Herr in brauner Uniform, es war der uns zugeteilte Betriebszellen-Obmann Müller, der sein Kontrollamt antrat. Im gleichen Jahr wurde Herr Eisler vom Franz Eher-Verlag in München, hier erschien auch der »Völkische Beobachter«, unter Druck gesetzt und gezwungen, sein Unternehmen (es hieß, weit unter Preis) zu verkaufen.

Daß es Herrn Eisler gelang, noch rechtzeitig der persönlichen und wirtschaftlichen Vernichtung auszuweichen, verdankt er dem ersten Direktor der Staatlichen Pressestelle der Stadt Hamburg, Alexander Zinn. Durch ihn, den früheren Chefredakteur der Hamburger Woche, konnte Herr Eisler rechtzeitig gewarnt werden und emigrieren.

1936 besuchte ich die Familie Eisler in London. Er hatte hier noch keinen rechten neuen Start gehabt und wanderte bald nach New York aus. Hier gründete er einen Spezialbuchverlag, die Focal Press. Leider hatte Herr Eisler zu lange gezögert, nach Hamburg zurückzukehren. Die Situation hatte sich nach dem Krieg gänzlich verändert, und nur unter erschwerten Bedingungen gelang es, die Agentur Eisler GmbH mit einer Filiale in Frankfurt wieder tätig werden zu lassen.

Am 18. November 1983 starb Georg B. Eisler im Alter von 81 Jahren.«

(Johannes Senger war Werbeleiter für Die Welt)

LUCIAN BERNHARD

Abbildung
Seite 113:
Plakat, 1929
Entwurf:
Rosen
Atelier:
Bernhard

Es war keine Frage, Bernhard, der schon seit 1902 seinen eigenen Stil in der angewandten Graphik entwickelte und wohl wie kein anderer in der Nachkriegszeit von der »Neuen Sachlichkeit« in seinen Arbeiten beeinflußt war, galt als der großartigste Werbegraphiker in Deutschland. Sein kongenialer Partner, Fritz Rosen, gestaltete mit ihm seit Anfang der zwanziger Jahre die Werbung für große deutsche Unternehmen. Daß sie sich um

1924 mit einem eigenen Atelier gerade im Haus der Ala-Anzeigen A.G. in der Potsdamer Straße 27 niederließen, legt zunächst die Vermutung eines relativ unpolitischen Verhältnisses der beiden zu ihrem Beruf nah, war doch die Ala fest eingebunden im politisch rechten Hugenberg-Konzern und schon früher mit antisemitischen Äußerungen aufgefallen. Bernhard und Rosen, beide Juden, scheint aber eher die günstige Lage des Ala-Hauses interessiert zu haben. Denn hier wurde ein großer Teil des deutschen Anzeigengeschäftes abgewickelt, und schließlich bedeutete die Tätigkeit hier ja nicht, daß ihre Arbeiten nicht auch in den Blättern von Mosse und Ullstein erscheinen durften.

Bernhard, der schon 1925 nach New York ging, überließ die Leitung des Ateliers Fritz Rosen. Dieser organisierte dann auch die »Werbemittel-Ausstellung« im Februar 1929, die weit über Deutschland hinaus Beachtung fand. Die Ausstellung sollte »Anzeigenherstellern und den Werbeleitern die Gelegenheit geben, die Eigenart der Künstler kennen zu lernen.« Darüberhinaus richtete die Ala ein sogenanntes »Findregister« ein, in dem über 2000 Themenbereiche – ein Novum in der Branche – der angewandten Werbung mit Beispielen verzeichnet waren; wechselnde Ausstellungen im vierwöchigen Turnus stellten in der folgenden Zeit andere Werbegraphiker vor.

Doch dies galt nicht mehr lange für Bernhard und Rosen. Der Direktor der Vereinigten Staatsschulen in Berlin, Bruno Paul, schlug Bernhard für die Abteilung angewandte Kunst 1932 als Professor vor. Antisemitische Angriffe innerhalb des Lehrerkollegiums verhinderten allerdings die Berufung. Bernhard nahm daraufhin eine Professur an der Harvard University in Amerika an.

Interessant an dem folgenden Interview mit Bernhard ist die löbliche Erwähnung der Arbeiten des Münchner Professors Ludwig Hohlwein.

Dieser Graphiker, der in den zwanziger Jahren für seine Produktwerbung bekanntgeworden war, avancierte unter Hitler zum führenden und stilprägenden Propagandisten der markigen NS-Plakate. Doch das konnte selbst Bernhard nicht ahnen.

Interview mit Prof. Lucian Bernhard
1926 in New York

Times Square ist der Brennpunkt von New York. Hier, wo sich der Broadway und die 7. Avenue mit der 42. Straße kreuzen, ist der Schauplatz der gigantischen Lichtreklamen, die die Nacht zum Tage machen und allabendlich ungeheure Menschenmengen, gemischt aus allen Völkern der Welt, in ihren Bannkreis ziehen.

Das Timesbuilding ragt als ein schlanker hoher Turm inmitten der Straßenkreuzung aus dem Menschengewühl hervor. Es ist heute nur noch der Sitz der Anzeigenannahme der New York Times, die Zeitung selbst wird einige Schritte abseits vom Broadway im nur 15stöckigen Times Annex-Building hergestellt, und hier in einem der obersten Stockwerke befindet sich das Atelier Lucian Bernhard.

Ein leuchtendblauer Steinfußboden, von altgoldenen Sockelleisten eingefaßt. Die Wände sind etwa 7 Fuß hoch, gelblich-weiß, in einer rauhen Struktur, die sich am besten mit der Schnittfläche von Roquefort-Käse vergleichen läßt. Darüber ein vorgezogener Unterzug, der die Lichtquelle für die mit Reproduktionen geschmückten Wände enthält. Die Stirnwand dieses Unterzuges bildet ein starkes Profil in blau und gold; darüber der übrige Raum undurchdringlich schwarz.

In einer Ecke dieses Raumes, des Ausstellungsraumes, ist eingefügt ein kreisrundes Privatbureau mit eignem Zwiebeldach, innen Wand und Decke rot und rosa mit dekorativer Malerei. Der Kontrast der beiden ineinandergehenden Räume wirkt frappant. Durch eine kleine Ausstellungsgalerie gelangt man in den eigentlichen Arbeitsraum des Künstlers, von dessen Fenster man eine charakteristische Fernsicht über die Dächer des westlichen New York hat in der Richtung nach dem Hudson.

»Diesen unschätzbaren Platz im Herzen von New York verdanke ich der Freundlichkeit des bekannten Besitzers der Times, Mr. Adolph Ochs, der sich sehr für meinen Dekorationsstil interessiert. Ich werde hier abwechselnde Ausstellungen meiner verschiedenen Arbeitsgebiete veranstalten.

Welche diese sind? Dieselben wie in Deutschland: Plakate, Packungen und Schutzmarken, Schrift, Einrichtung von Wohnungen, Restaurants, Ausstellungsräumen usw.«

Machen Sie sie wie in Deutschland, oder in einem veränderten Stil?

»Ich bilde mir jedesmal ein, es genau im selben Stil zu machen, und wenn es fertig ist, fällt es mir auf, daß ich es in Deutschland zweifellos anders gemacht hätte. Die Anpassung an die amerikanische Atmosphäre ist also keine gewollte, sondern eine unbewußte. Ich bin auch überzeugt, daß eine gewollte Anpassung unmöglich ist. Ich habe in 2 Jahren eingesehen, daß man die amerikanische Psychologie nicht erlernen kann, man kann sie nur durch Einatmen assimilieren. Je weniger fertige Urteile man mitbringt, um so leichter geht dieser Prozeß von statten.«

Glauben Sie nicht, in Amerika Ihren Erfolg allein durch Ihren in Berlin gepflegten Stil zu erreichen?

Abbildungen Seite 116: Werbung für Textilfarben, 1928/29, Entwurf und Ausführung: Bernhard

Seite 117: Bosch-Werbung, um 1920, Atelier: Bernhard·Rosen

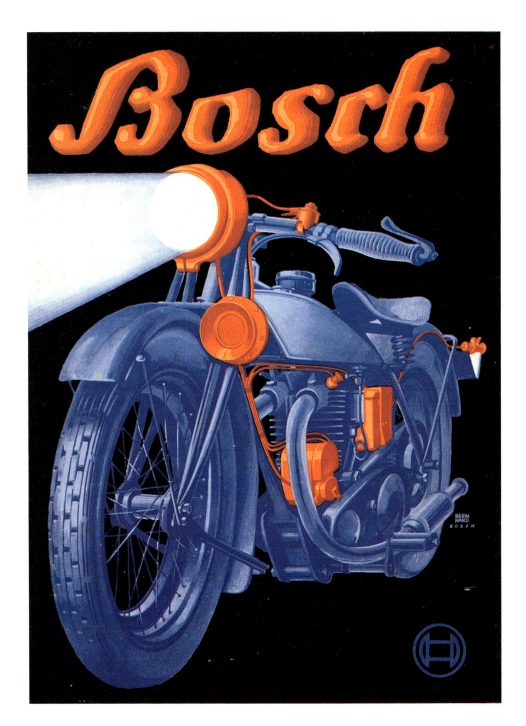

»Die Ausstellung meiner deutschen Arbeiten bringt mir ungeteilte Anerkennung von seiten der amerikanischen Reklamesachverständigen. Trotzdem wird bei Erteilung von Aufträgen eine deutliche Abweichung verlangt. Einesteils, wenn auch nicht zugegebenerweise, aus dem Grunde, weil ich als einer der ausgesprochensten Repräsentanten der 'deutschen' Plakatkunst angesehen werde, und man fürchtet, mit einem unverfälschten deutschen Plakatstil bei einem leider noch sehr großen Teil des amerikanischen Publikums politisch Anstoß zu erregen. Andererseits, weil die Geschmacksrichtung durch Jahre hindurch so einseitig im Sinne der vergrößerten Photographie verbildet ist, daß niemand den Mut hat, mit einem kräftigen, vereinfachten wirklichen Plakatstil auf der Bildfläche zu erscheinen. Tatsache ist, daß es eine genügende Anzahl ausgezeichneter Künstler in Amerika gibt, die Bewunderer und Nachfolger des europäischen Plakats sind, wie z.B. C. B. Falls, Josef Sinel, Jack Sheradon, u.a.m., daß diese aber nur selten Gelegenheit haben, mit einem Plakat in die Öffentlichkeit zu kommen. Auch von den Begründern der amerikanischen Plakatkunst, Will Bradley und Edward Penfield, sieht man seit einem Jahrzehnt kaum ein Blatt mehr. Penfield ist allerdings im vorigen Jahre verstorben. Erfreulicherweise ist Hohlwein von München aus jetzt auch mit einigen Plakaten an den New Yorker bill-boards vertreten. Er ist derjenige, der die bestehenden Anforderungen des amerikanischen Publikums an das illustrierte realistische Plakat von allen europäischen Künstlern am besten erfüllt und damit eine Brücke zwischen amerikanischer und europäischer Auffassung bildet. Seine Plakate für Fatima-Zigaretten werden sehr bemerkt und erfahren allgemein eine günstige Beurteilung.«

Machen Sie selbst irgendwelche Konzessionen an den amerikanischen Geschmack?

»Wie schon erwähnt, werde ich unbewußt bei der Arbeit von der Atmosphäre sehr stark beeinflußt. Das Resultat kann man nicht gut eine Beeinflussung nennen, da ich, wie in Berlin, nur das mache, was mich selbst auch befriedigt und glücklich macht. Trotzdem bin ich noch immer weit mehr entfernt von dem, was die Amerikaner wollen, als es Hohlwein mit seinen Original-Münchner Plakaten ist. Der Amerikaner will ein 'Bild', eine 'Idee'. Eine bloß optische Idee ist für ihn gar keine Idee. Er verlangt, was er 'human interest' nennt in einem Plakat. Bekommt er das gesteigert durch kräftige pikante Farbwirkung und gute Komposition – um so besser: und das ist es, was sie an Hohlwein mit Recht bewundern. Ein Hohlwein-Plakat wirkt nicht als Fremdkörper in New York, es ist nur viel besser als die meisten anderen.«

Entwurf des Aschenbechers und der Anzeige von Bernhard, um 1920

Plakat, 1939
Entwurf:
Ludwig
Hohlwein,
München

Glauben Sie, unter diesen erschwerenden Umständen trotzdem sich mit Ihrem eigenen bekannten Stil durchsetzen zu können?

»Darüber besteht gar kein Zweifel. Schon allein das Bedürfnis nach Variationen hilft meinem Erfolg. Aber wie gesagt, der Stil kann nicht einfach bloß importiert werden, sondern muß mit amerikanischer Atmosphäre durchsetzt sein, wenn er nicht als Fremdkörper wirken soll.«

Ich wundere mich, wie Sie inzwischen Ihr Berliner Atelier versehen, welches Sie doch auch noch offen halten?

»Daß dieses möglich ist, danke ich meinem langjährigen künstlerischen Mitarbeiter Fritz Rosen. Ich bin so sehr mit mei-

Abbildungen
Seite 120:
Hutwerbung,
1939
Entwurf:
Ludwig
Hohlwein

Seite 121:
Shell-Werbung
Atelier:
Bernhard Rosen,
um 1928

amerikanischen Aufträgen in Anspruch genommen, daß ich nur ab und zu eine Skizze nach Berlin schicken kann. Die mehr kunstgewerbliche Art meines Stiles, bei der es im Gegensatz zu der Plakatkunst französischen Ursprungs nicht auf die persönliche Handschrift ankommt, sondern vielmehr auf eine gute optische Idee, gute Komposition und Farbgebung, sowie auf gediegene handarbeitliche Durcharbeitung – diese Art ermöglicht es, vollwertige Leistungen auch in der Ensembleleistung zu schaffen. Rosen ist so sehr mit der Entwicklung meines Stils verwachsen, daß niemand besser imstande wäre, die seit 22 Jahren entwickelten Stilelemente des Ateliers Bernhard selbständig weiterzubilden. Dabei ist Rosen eine durchaus selbständige künstlerische Persönlichkeit, besonders ausgezeichnet durch Ideenreichtum (manche meiner besten Ideen sind ihm eingefallen)! Daraus ergibt sich von selbst, daß es mir nicht möglich ist, selbständige Arbeiten von ihm, wenn auch im Bernhard-Stil, allein mit meinem Namen zu zeichnen. Daher kommt es, daß mein altbekanntes Signet neuerdings sehr oft mit 'Rosen' geschmückt ist.

Warum wollen Sie in Amerika um eine Anerkennung kämpfen, die Sie in Deutschland schon lange gefunden haben?

»Erstens finde ich es herrlich, noch einmal fast von vorn anzufangen, zweitens gibt es hier enorm viel zu lernen. Meine Verbindung mit führenden Advertising agencies gestattet mir Einblicke in die hochentwickelte Organisation der Reklame, die mir sehr schätzbar erscheinen. Drittens ist es keineswegs ein Opfer, in dieser faszinierenden Stadt zu leben – im Gegenteil, ich empfinde es als köstliches Privilegium.«

Wie sind die Aussichten für deutsche Gebrauchsgraphik in Amerika?

»Da ist vorauszuschicken, daß die deutschen Publikationen, die sich mit Reklamekunst beschäftigen, mit großem Interesse von hiesigen Fachleuten gesehen und studiert werden (insbesondere die Gebrauchsgraphik fehlte auf keinem Zeichentisch) und daß die deutschen Leistungen sehr respektiert werden. Man sieht aber schon daran, daß keine Plagiate dieser Entwürfe kursieren, daß niemand diese Leistung als für Amerika möglich betrachtet. Dies ist ein um so sicherer Maßstab, als man in Amerika von keinem Plagiat zurückschreckt oder darin etwas Unrechtes erblickt. Man empfindet die deutschen Entwürfe, soweit es sich um Figuren handelt, fast durchweg als karikiert und unliebenswürdig, die ornamentalen und Schriftentwürfe als etwas zu brutal und extravagant. Es besteht im Gegensatz zur Auffassung der deutschen Reklamefachleute hier die Tendenz, in genau derselben Weise Reklame zu machen wie die Konkurrenz, und man hat eine unüberwindliche Scheu, durch eine Originalität aufzufallen, die sich nicht aus dem

angepriesenen Gegenstand selbst ergibt. Die Hüter des gesamten Reklamewesens in Amerika, die mächtigen Advertising-Agencies, sind viel mehr um das allgemeine Niveau bemüht, als um das Herausspringen aus der Reihe. Jeder, der z.B. eine Nummer der Saturday Evening Post aufmerksam durchblättert, wird finden, daß dies mit großem Erfolg gelungen ist. Es ist also trotz aller Anerkennung keineswegs der Fall, daß die Amerikaner die deutsche Gebrauchsgraphik überhaupt haben wollen. In diesem Falle gäbe es Künstler genug hier im Land, die in der deutschen Richtung arbeiten würden. So ist es wenigstens in der gegenwärtigen Zeit. Diese Bedingungen sind allerdings im Begriff, sich langsam zu ändern, und ich glaube, daß in 2 bis 3 Jahren ein tüchtiger deutscher Künstler, der sich von krassen Extremen freihält, sehr gute Aussichten haben wird.«
(Interview von Oskar M. Hahn,
aus: Gebrauchsgrafik, Nr. 2, 1926)

FRITZ ROSEN

Im Jahr 1929 veranstaltet die Zeitschrift »Gebrauchsgrafik« eine internationale Umfrage in 20 Ländern und läßt Fachleute aus der Kunst, »gerichtlich bestellte Sachverständige« und Werbeexperten darüber urteilen, wer die besten Plakate und Werbegraphiken in Deutschland entwirft. Hinter dem Graphiker Prof. Otto Arpke steht an zweiter Stelle Fritz Rosens Plakatarbeit zum Reklamekongress in Berlin im gleichen Jahr.

Versucht man heute etwas über die Arbeit Rosens in den Archiven zu finden, so stößt man zwar verschiedentlich auf seine Arbeiten, doch über den Künstler selbst wird man nicht viel erfahren. Zweifellos gehört Fritz Rosen zu jenen vielen jüdischen Künstlern, derer sich in Deutschland nur wenige erinnern.

Der Sohn des Frankfurter Kaufmanns Abraham Rosenthal besuchte das Real-Lehrinstitut in Frankenthal und das Wöhler-Realgymnasium in seiner Geburtsstadt. Durch seine Schwester Anna, die am Hoch'schen Konservatorium in der Vorschulklasse von Adolph Rebner Geigenunterricht erteilt, kommt Fritz Rosen mit Paul und Rudolph Hindemith in Kontakt, die seine Neigung zur klassischen Musik bestimmten.

Nach einer kurzen Zeit als Lehrling in einem Frankfurter Architektenbüro und einer Tätigkeit in Leipzig wird F. Rosen zum Kriegsdienst eingezogen. Hier entwirft er ca. 1915 ein Plakat

Abbildungen Seite 124: Werbung um 1920, Entwurf: Rosen, Atelier: Bernhard

Seite 125: Fremdenverkehrswerbung, 1926, Entwurf: Rosen

zur Werbung für Kriegsanleihen. Danach nimmt er seine Arbeit in Berlin als Graphiker auf und wirkt schon 1924 mit Lucian Bernhard in der Werbegestaltung. Kurt Szafranski, leitender Redakteur bei Ullstein, versucht 1925 erfolglos, ihn für seinen Verlag zu gewinnen. Es folgen nun acht Jahre größten künstlerischen Schaffens im Atelier Bernhard · Rosen.

Gegen Ende 1933 emigriert Fritz Rosen unter dem Druck des zur Staatsräson gewordenen Antisemitismus aus Berlin. Zu diesem Zeitpunkt steht Rosen auf dem Höhepunkt seiner graphischen Karriere. Sein Fremdenverkehrsplakat für die Deutsche Reichsbahn, eine in mächtigem Tempo auf Berlin zurasende Lokomotive (dieses Plakat fand sich auf einem Ausstellungskatalog 1987 in Berlin wieder − übrigens ohne weitere Würdigung seines Schöpfers) bekam 1929 den ersten Preis, weitere Auszeichnungen anderer Entwürfe, z.B. für Henkel, folgten. Wer wirksame Werbung gestalten, sich des künstlerischen Ausdrucks sicher sein wollte, wandte sich an das Atelier Rosen. Seine politische Haltung gegen die sich verschärfenden politischen Auseinandersetzungen drückte Rosen in zwei Plakaten für die Schleicher / Papen-Regierung aus. Rosen suchte den Ausgleich, vergebens. Das NS-Blatt »Völkischer Beobachter« drohte Rosen 1932, der unter dem Pseudonym »E. Mehrmann« die Plakate zeichnete, schlimme »Folgen« für den Fall der Entdeckung des Urhebers an.

Ob das Pseudonym Rosens 1933 aufgedeckt wurde, ist nicht bekannt. Zwischen 1933 und Mai 1935 hält sich Rosen in der Schweiz, England und Frankreich auf. Erst im Juni 1935 emigrierte er endgültig. Seine Frau Seren Simon, deren Eltern aus einer bekannten Königsberger Familie stammten, folgte im August, die zwei Kinder im Dezember, nach London. Im Januar 1937 erhält der nun 47jährige von der deutschen Botschaft in London einen zunächst nur sechs Monate gültigen Pass, der im Juni 1939 mit einem roten »J« (für Jude) überstempelt wird. Das britische Home Office erteilt zwar im November 1936 eine einjährige Aufenthaltsgenehmigung, verbietet ihm aber jegliche bezahlte oder unbezahlte Arbeit. In dieser Zeit fährt Fritz Rosen zweimal in die Schweiz und nach Frankreich, um sich von hier aus wahrscheinlich mit transferierten Geldern zu versorgen und Kontakt mit seinem Bruder Max aufzunehmen. Gleichzeitig bemüht er sich mit Hilfe des »German Jewish Aid Committee« um die Ausreise seiner Schwester Anna und seiner Mutter, die beide noch in Frankfurt/M. wohnen. Die Mutter stirbt im Juli 1939 an den Folgen der Aufregung um die bevorstehende Abreise, Rosens Schwester erhält zwar noch eine Ausreisegenehmigung, wird dann aber, wahrscheinlich auf dem Weg nach Eng-

land, von der Gestapo verhaftet, später nach Auschwitz deportiert und hier, wie sein Bruder Max, ermordet.

Mit kleinen Arbeiten, die nicht einer Genehmigung der britischen Behörden bedürfen, finanziert Rosen zunächst seine Familie. 1940 wird er als »feindlicher Ausländer« für 5 Monate in das britische Internierungslager nach Liverpool gebracht. Hier trifft er auch den Graphiker Puck Dachinger wieder, mit dem ihn eine enge Freundschaft und künstlerische Arbeit verbindet. Beide gestalten eine Ausstellung ihrer Arbeiten im Internierungslager (Titel: Art behind the wire). Nach der Internierung

Abbildung Seite 128: Anti-Hitler-Plakat, um 1942, Entwurf: Rosen

nimmt Rosen seine Tätigkeit als Werbegraphiker erneut auf und gestaltet für Firmen deutscher Emigranten, z.B. Dick & Goldschmidt, Werbung. Seine Anti-Hitler-Plakate werden von der britischen Regierung angenommen. Nach dem Krieg arbeitet Rosen hauptsächlich für die Firmen W. Walker & Sons, Adero Silk Ltd., für das Chemieunternehmen Lankro Chemicals Ltd. Manchester oder für den Weinimporteur Nassauer Brothers Ltd. London. Wenngleich alle diese Arbeiten, zahlreiche Broschüren und Trade-Marks noch große handwerkliche Perfektion aufweisen, so konnte Rosen doch nicht mehr an die Entwicklung der modernen Nachkriegsgraphik anknüpfen. Nach dem Tod seiner ersten Frau in den fünfziger Jahren heiratet er Dorothy Rosen und läßt sich in einer kleinen Stadt nahe Brighton nieder.

Bis 1962 war er noch ohne Unterbrechung für die Werbung beruflich tätig, seine nachlassende Sehschärfe zwang ihn dann jedoch in den Ruhestand. In vielen Briefen, die Rosen (ein passionierter Somerset Maugham-Leser) in der Zeit bis zu seinem Tode 1980 schrieb, bedauerte er sein Schicksal, nicht die Gelegenheit gehabt zu haben, als Maler und Schriftsteller arbeiten zu können. Einige wenige Beispiele seiner hervorragenden Landschaftsmalerei lassen dieses Bedauern berechtigt erscheinen. Doch wie hätte ein Mann mit einem solchen Lebensweg auch dies noch leisten sollen?

E. PAUL WEISE

Mitte Juli 1936 fand sich in Berlin das »Amt für Werbung« der Deutschen Apothekerschaft zusammen. Es galt, anläßlich eines Wettbewerbs für ein neues Apotheken-Signet eine Auswahl aus 488 Entwürfen zu treffen. Als »graphisch gute und sehr einprägsame Lösung« charakterisierte die Jury den Entwurf des Graphikers E. Paul Weise und prämierte sein heute überall bekanntes Apotheken-»A« mit dem ersten Preis. Weise war ein bekannter Graphiker. Beeinflußt waren seine Arbeiten in den frühen Jahren vom ausklingenden Jugendstil; dann aber mehr und mehr von der Sachlichkeit des Werkbundes und der klaren Linienführung des Bauhauses. Besonders deutlich wird dieses z.B. an den Warenzeichen für den Schocken-Konzern. Er ging von der visuellen Wirkung seiner Graphiken aus, von der Schlichtheit des Symbols, des Zeichens, und erreichte damit, neben anderen Graphikern, eine neue Qualität der graphisch-werb-

E. Paul Weise in seinem Atelier, Breitenbachplatz 12

lichen Aussage. Verbunden mit seinem hohen handwerklichen Können – seine Zeichnungen waren Präzisionsarbeiten – schuf Weise noch heute beispielhafte Werbegraphiken. Nur die politischen Ereignisse verhinderten letztlich eine große Karriere.

Seit 1919 arbeitete er im eigenen Atelier für die Werbung. So gestaltete er 1923 für die Batteriefirma Daimon und für Nestle die Etikettenwerbung. Neben einer Lehrtätigkeit an der Staatlichen Kunstschule für Textil in Plauen in den zwanziger Jahren entwickelte er als Werbegraphiker Warenzeichen, Plakate, Briefköpfe, Prospekte und Ausstellungsstände. In dieser Zeit avanciert Weise zum Hausgraphiker der Fa. Flohr und erregt Aufmerksamkeit mit seinen klarlinigen Graphiken für Aufzüge und Fahrstühle.

1930 richtet Weise sein Atelier in Berlin am Breitenbachplatz 12 ein. Außerdem gibt er Unterricht an der Höheren Fachschule für Textil- und Bekleidungsindustrie am Warschauer Platz. Seine Frau, Eva Stern, war Gymnastiklehrerin und lehrte in ihrer eigenen Schule ebenfalls am Breitenbachplatz.

Erste Probleme bekam Weise aufgrund der schon vor 1933 erfolgten Einsprüche von NS-Anhängern der Fachschule gegen seine in Aussicht gestellte Professur.

Seine Tochter schreibt über diese Ereignisse: »Durch seine Ehe mit meiner Mutter, Eva Stern, die 'halbjüdisch' war, war mein Vater in den Augen der Verwaltung 'jüdisch versippt' und somit wurde eine öffentliche Anstellung als Professor in Plauen

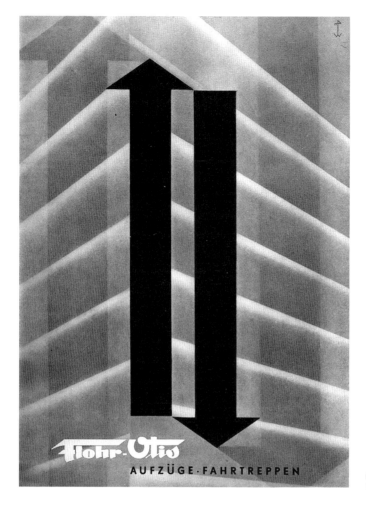

Entwurf:
E. Paul Weise

oder Berlin unmöglich. Alle Anstrengungen meines Vaters gegenüber den Behörden waren vergeblich.

Prof. Karl Hanusch, der zu dieser Zeit Direktor der Plauener Schule war, wurde wegen der jüdischen Abstammung seiner Frau sofort 1933 entlassen.«

E. Paul Weise arbeitete nun in Berlin freiberuflich als Werbeberater. 1934 wurde die Mitgliedschaft in der Reichskammer der bildenden Künste von den Nazis zur Voraussetzung der Berufsausübung gemacht. Der zu diesem Zeitpunkt schon prominente Graphiker, der seit 1919 auch Mitglied des »Bundes der Deutschen Gebrauchsgraphiker« war, stand nun unter der Kontrolle der Nazis. Eine Hausdurchsuchung bei den Weises durch die Gestapo 1934 machte die gefährliche Situation deutlich.

Daimon-Werbung von E. Paul Weise

Apotheken-Signet, Entwurf: E. Paul Weise, 1936

Sehr bald darauf überstürzten sich die Ereignisse. Möglicherweise durch die Beteiligung des Graphikers an der Ausschreibung zum Apothekensignet motiviert, forderte die Reichskammer der bildenden Künste am 5. Mai 1936 den »... Abstammungsnachweis Ihrer Ehefrau, zurückgehend bis zu den Großeltern beiderseits, und Angabe der Religionszugehörigkeit Ihrer Ehefrau innerhalb von drei Wochen«.

Eine Woche nach der Preisverleihung für das Apothekensignet bekam Weise am 21. Juli 1936 folgenden Brief von der Reichskulturkammer. »Nach dem Ergebnis meiner Prüfungen ... besitzen Sie nicht die erforderliche Eignung und Zuverlässigkeit ... zur Mitgliedschaft in der Reichskammer ..., ich habe Sie mit Wirkung vom 15. Mai d. J. als Mitglied gelöscht und untersage Ihnen die Führung der Berufsbezeichnung Gebrauchsgraphiker sowie die Ausübung des Berufs. Unterschrift: Eckermann«

Kurz darauf wird Weise auch die Berufsbezeichnung »Kunsthandwerker« und die Tätigkeit darin untersagt.

Dazu seine Tochter (sie lebt heute in England): »Durch geschickte Eingaben eines mutigen Rechtsanwalts konnte die 'halbjüdische' Herkunft meiner Mutter etwas verwässert wer-

Festwagen der Firma Flohr Otis, Gestaltung: E. Paul Weise, Berlin 1937

den. So wurde in dem Einspruch gegen die Kammer behauptet, daß die Religion meiner Ur-Großmutter unbekannt sei. Die beigelegten Bilder dieser Großmutter, einer sehr schönen blonden und blauäugigen Frau, hatten zur Folge, daß mein Vater wieder in die Reichskulturkammer aufgenommen wurde, es dauerte allerdings bis 1937, bis er seine Mitgliedskarte erhielt.

Jetzt war es ganz klar, meinem Vater stand nun keine Karriere mehr offen, Erfolge im Berufsleben bedeuteten jetzt eine große Gefahr. Die Anonymität seiner Arbeiten wurde nun zur Voraussetzung des Überlebens.«

Natürlich bekam Weise nicht den Preis für die Ausschreibung ausgezahlt. Überhaupt spielte sich jetzt seine graphische Arbeit eher im Verborgenen ab. Er fertigte Routineaufträge gewissenhaft aus, behielt die künstlerische Leitung aller Werbung für die Firma Flohr, die ihn deckte und weiterhin Aufträge an ihn vergab, gestaltete sogar einen Festtagswagen des Unternehmens für einen Festumzug zur 700-Jahrfeier Berlins; aber seinen Namen mußte er zurückhalten, um weiteren Schwierigkeiten aus dem Wege zu gehen. Die Kriegszeit überstand E. Paul Weise zunächst mit viel Glück als Sanitäter im Luftschutzdienst; im Jahr 1942 wurde er aber aufgrund der Rassegesetze, die seine Ehefrau betrafen, entlassen.

Der Präsident
der Reichskammer der bildenden Künste

Berlin W 35, den
Blumeshof 8
Fernsprecher: B 1 Kurfürst 8271
Postscheckkonto: Berlin 144480

Aktenzeichen: V G 82
(In der Antwort anzugeben)

Einschreiben.

Herrn
E. Paul Weise

<u>Berlin-Dahlem</u>
Breitenbachplatz 12

Nach dem Ergebnis meiner Prüfung der in Jhren persönlichen Eigenschaften begründeten Tatsachen besitzen Sie nicht die erforderliche Eignung und Zuverlässigkeit im Sinne des § 10 der ersten Verordnung zur Durchführung des Reichskulturkammergesetzes vom 1. November 1933 (RGBL.I, S.797). Da Sie die Voraussetzung zur Mitgliedschaft in der Reichskammer der bildenden Künste nicht erfüllen, habe ich Sie mit Wirkung vom 15. Mai d.J. als Mitglied gelöscht und untersage Jhnen die Führung der Berufsbezeichnung Gebrauchsgraphiker, sowie die weitere Ausübung dieses Berufe

Jm Auftrag
gez. E c k e r m a n n

Beglaubigt:
Rust

Der Präsident
der Reichskammer der bildenden Künste

Berlin W 35, den 31.7.36
Blumeshof 4
Fernsprecher: B 2 Kurfürst 9271
Postscheckkonto: Berlin 144430

Aktenzeichen: V 502
(In der Antwort angeben)

Einschreiben !

Herrn
E.P. W e i s e
Berlin-Dahlem,
Breitenbachplatz 12.

Betr.: Ihr Schreiben vom 22.7.36.

Unter Bezugnahme auf meine Ihnen zugegangene Verfügung vom 21.7.36 untersage ich Ihnen auch die Führung der Berufsbezeichnung Kunsthandwerker und die weitere Ausübung des Berufes als Kunsthandwerker.

Ich ersuche um umgehende Zurücksendung der noch in Ihren Händen befindlichen Mitgliedsbücher

Im Auftrag
gez. P f u n d

Beglaubigt:
Lehmann

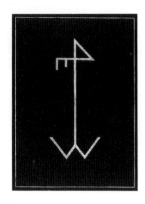

Signet von
E. Paul Weise

Um den Bombenangriffen zu entgehen, verließ Frau Weise mit der Tochter Berlin, fand Unterschlupf bei Prof. Karl Hanusch nahe Dresden. E. Paul Weise nahm dafür die immer wieder ausquartierten Schwiegereltern, sie waren jüdisch, unter Lebensgefahr in seiner Wohnung auf. Eine relativ anonyme Stelle als künstlerischer Leiter der Firma Zindler-Rotationsdruck sicherte ein geringes Einkommen.

Nach dem Krieg, mit 55 Jahren, gelang Weise mit seiner Frau nach anfänglichen Schwierigkeiten ein neuer Anfang. Beim Verlag Volk und Wissen im Ostteil Berlins illustrierte er Lehrmaterialien, arbeitete erneut an Werbegraphiken, entwarf Briefmarken und Ausstellungen mit Prof. Jacob. 1958 wurde ihm eine »Wiedergutmachungsrente« zugesprochen. Doch drei Jahre später waren es wiederum politische Ereignisse, diesmal die Spaltung Berlins, die seinen Erfolg behinderten.

Im Oktober 1971 erinnerte sich dann auch die Bundesapothekenkammer an den Schöpfer ihres noch heute überall gebräuchlichen, leicht abgeänderten Signets. Die Übergabe eines Schecks mit DM 2000 − 35 Jahre nach der Auslobung des Wettbewerbs für den Graphiker − diente wohl mehr der Aufpolierung des eigenen Images als der korrekten Ehrung und Würdigung des Entwurfs von E. Paul Weise.

E. Paul Weise starb 1981, noch immer im Atelier am Breitenbachplatz wohnend, im Alter von 91 Jahren.

MARKTFORSCHUNG UND »VERBRAUCHERLENKUNG«

Reklame und Werbung zur Propaganda für die Volksaufklärung zur Gemeinschaftswerbung und Verbrauchslenkung in Sachen Knochensammlung und Mehrverbrauch von Speisequark – mit solcher, hier bewußt auf die Spitze getriebenen oder ähnlicher Wortakrobatik begannen die Werbe»führer« nach 1939 die endgültige Vermischung von Reklame und Politik scheinbar zu legitimieren. Die Vorgaben dazu hatte der Werberat seit 1933 geschaffen. In der zunehmenden Abschottung vom ausländischen Markt und der konzentrierten Kriegsvorbereitung, die ab 1938 von Göring betrieben wird, richtet sich die Werbung besonders für Konsumgüter darauf ein. Die Markenartikelpolitik, d.h. die gezielte Förderung einzelner Produkte, die von mehreren Firmen hergestellt werden, sollte jetzt zusammengefaßt werden. Zurückzustehen hatte dabei das Interesse des einzelnen Produzenten, im Vordergrund stand das Produkt als solches. Dies führte zwangsläufig zu einzelnen Produkt- und Produzentenkartellen, die dann für z.B. Waschpulver, Schuhcreme usw. Werbung machten. So zeigte der Verband der Hutindustrie in vielen Anzeigen und auf Plakaten eine Zeichnung mit einer demonstrierenden Frauengruppe, alle behütet, und dem Untertitel »Es geht um Deinen Kopf«. Geworben wurde für eine neue Hutmode. Diese Art von Kartell, sehr beliebt war sie bei den meisten Firmen nicht, führte aber zu dem Resultat, daß gerade die größeren Unternehmen mit nachfolgender eigener Werbung die kleineren Konkurrenten vom Markt verdrängten. Dieser Konzentrationsprozeß war, trotz gegenteiliger Behauptungen der Nazis, durchaus in ihrem Sinn. Ging es doch um die gezielte Ausrichtung der Wirtschaft und des Verbrauchs auf wenige Bereiche. »Die Gemeinschaftswerbung hat in der Verkaufspsychologie eine vorbereitende Aufgabe, sie bereitet

Hut-Gemeinschaftswerbung, 1938

den Boden vor, sie macht die Käufer aufnahmebereit für ein Erzeugnis oder lenkt wenigstens ihre Aufmerksamkeit auf die von vielen gemeinsam angebotene Ware. Diesen von der Gemeinschaftswerbung vorbereiteten Boden nimmt dann das Einzelunternehmen noch einmal in Angriff.«[1] Die in den ersten Jahren für die NS-Propaganda so wichtige Betonung der Interessen des Einzelhandels sowie des gesamten Mittelstandes wurde damit obsolet. Das Stichwort von der »Volkswirtschaftlichen Aufklärung und Verbrauchslenkung« hielt immer stärkeren Einzug in die Werbepläne der Unternehmen und ihrer Werbeberater.

Der Begriff und die Praxis der Gemeinschaftswerbung, vom Werberat 1934 ausgegeben, band die Industrie in die Vorhaben der NSDAP fest ein. So bemerkte H. Hunke 1941, daß mit der

»… Gemeinschaftsarbeit zwischen privater Wirtschaft und öffentlicher Aufklärung … ein schlagfertiges Aufklärungsinstrument geschaffen [worden sei, A.d.V.]. Die volkswirtschaftliche Aufklärung als öffentliche Werbung stand eindeutig unter Kriegseinfluß. Alle Kräfte des Werberates … und des Reichsausschusses für volkswirtschaftliche Aufklärung wurden diesem Ziele gewidmet. Es gibt in der Tat kein Gebiet der kriegswirtschaftlichen Aufklärung, das vom Werberat bzw. dem Reichsausschuß besonders im Rahmen der allgemeinen Presse-, Rundfunk- und Filmpropaganda nicht verantwortlich und nachhaltig bearbeitet worden wäre. Diese Tätigkeit ist als wertvoller Beitrag für die gesamte kriegswirtschaftliche Propaganda zu werten.«[2]

Mit Kriegsbeginn bzw. dessen Vorbereitung gewinnt die wissenschaftliche Marktforschung eine enorme Bedeutung für die Werbung.

MARKTFORSCHUNG FÜR DIE KRIEGERISCHE EXPANSION

Erstmalig wurde die systematisch betriebene Marktanalyse, die es bis 1933 in der Ausprägung noch gar nicht in Deutschland gab, eingesetzt. Schon bevor der Werberat 1940 seine Unterabteilung »Marktforschung« einrichtete, entstanden seit 1933 in kurzer Folge Institute und Forschungseinrichtungen, die jetzt ihre Ergebnisse dem Staat zur Verfügung stellen konnten. Daran beteiligt waren das Institut für Konjunkturforschung (Berlin), das Institut für Wirtschaftsbeobachtung (Nürnberg), die Gesellschaft für Konsumforschung (Nürnberg), die Gesellschaft für Verkaufsförderung (Berlin), die Forschungsstelle für Handel beim Reichskuratorium für Wirtschaftlichkeit (Berlin) und das Hamburgische Wirtschaftsinstitut[3].

Der spätere Bundeskanzler Dr. Ludwig Erhard (»Vater des Wirtschaftswunders«) meinte in seiner Eigenschaft als Vertreter des Nürnberger Institutes für Wirtschaftsbeobachtung auf der Herbsttagung der Werber 1938, daß es nicht länger angehe, »… die Werbung als nur eine untergeordnete Hilfsfunktion der Absatzpolitik« zu betrachten. Es gehe jetzt darum, »… sich der Mittel der modernen wirtschaftlichen Forschung zu bedienen.«[4] So geschah es dann auch. Mit Unterstützung der Institute gab die »Abteilung Marktforschung« beim Werberat, Hitlers Trup-

Anzeige, um 1940

Anzeige, 1940

pen vorauseilend oder folgend, 1940 wichtige Marktanalysen für die Länder Norwegen, Schweden, Holland, Estland, Brasilien, Türkei, Bulgarien und Dänemark[5] heraus. Eruiert wurden darin die Absatzmöglichkeiten für Elektrotechnik, Drahtseile, Farben, Textilien, medizinische Geräte[6] usw. Eine Untersuchung des »Werbesystems der einzelnen Warengruppen« und der für die Printwerbung einzusetzenden Zeitungen erschien für fünfzehn europäische Länder. Der Werberat sah in »... der großen festlandeuropäischen Neuordnung ...«[7] eine Chance, den eigenen Machtbereich auszudehnen. Parallel dazu ging es im Inneren des Landes darum, die jetzt eingetretene Warenverknappung und offenkundige Notwirtschaft (wenngleich diese bis 1942 deshalb noch nicht in vollem Ausmaß durchschlug, weil sie mit den gigantischen Rohstoff- und Verbrauchsgüterplünderungen in den besetzten Gebieten kompensiert werden konnte) dem Volk richtig zu »verkaufen«. Das war ein Ziel der sogenannten Volksaufklärung und Verbrauchslenkung. Für diese Idee und »... die mit seiner Durchführung zeitweilig verbundenen Opfer« sollte »das Volk völlig reif« gemacht werden[8].

Mit haarsträubenden theoretischen Konstrukten bemühte sich der Werberat jetzt um die Verbindung von »Propaganda, Werbung und Aufklärung«[9]. So wurde denn auch festgestellt, daß die »scharfe und erfolgreiche politische Propaganda« zur Mobilisierung für die »Knochensammlung« und den »Mehrverbrauch von Speisequark« jetzt durch die »volkswirtschaftliche Aufklärung«[10] ersetzt werden sollte. Dazu, so empfahlen die Marktforscher, seien die richtigen »psychologischen und künstlerischen Ausdrucksmittel«[11] einzusetzen.

Im Verein mit dem Werberat entwickelten die Marktforscher nun zentral angelegte – und bisher in der Geschichte der Werbung beispiellose – Kampagnen. Allein bis Ende 1940 wurden in einer konzertierten Medienaktion – Presse, Film und Radio waren hier, da sie Jahre vorher schon gleichgeschaltet wurden, problemlos einzusetzen – u.a. folgende Kampagnen durchgeführt: Aufklärung über wirtschaftliche Haushaltsführung; »Kampf dem Verderb«; Aufklärung über deutsche Werkstoffe; Aufklärung über faserschonendes Waschen; Aufklärung über richtiges Heizen; Aufklärung über vermehrte Haltung von Kaninchen; Aufklärung über die richtige Verwendung von Verpackungsmitteln; Aufklärende Zusammenarbeit mit Handel und Handwerk; Beteiligung an Gemeinschaftswerbungen; Aufklärung über den »Volkswirtschaftlichen Aufklärungsdienst«[12]

Solche Kampagnen, die vom Industiebetrieb bis in den Kaninchenstall reichten, müssen den Allmachtsphantasien der NS-Werber mehr als entgegengekommen sein. Mit den nötigen finanziellen Mitteln aus Industrie und Staat versehen, die wissenschaftliche Absatzforschung und Verbraucheranalyse im Rücken, den umfassenden Medieneinsatz sichergestellt, konnte jetzt an die Umsetzung gegangen werden. An einigen Beispielen soll dies illustriert und beschrieben werden.

DIE KAMPAGNE »AUFKLÄRUNG ÜBER WIRTSCHAFTLICHE HAUSHALTSFÜHRUNG«

Es gehörte zum Wesen des totalitären NS-Staates, und dies von Anfang an, nicht vor Eingriffen in jenen Bereichen haltzumachen, die gemeinhin als privat bezeichnet werden. Selbst die Küche geriet nun zum Politikum. Die »Reichsfrauenführerin« Gertrude Scholz-Klink gab den Begründungszusammenhang. »Weil wir heute Hauswirtschaft anders werten müssen als früher, wissen wir, daß eine gute Haushaltsführung eine für die deutsche Volkswirtschaft unersetzliche und entscheidende Leistung der Frau darstellt und deshalb für alle Mädchen Voraussetzung und Verpflichtung für ihren Einsatz in der Nation bedeutet. Dann werden wir unseren Teil an der Erringung der Nahrungsfreiheit unseres Volkes lösen können. Wenn auch unsere Waffe auf diesem Gebiet nur der Kochlöffel ist, soll seine Durchschlagskraft nicht geringer sein als die anderer Waffen.«[13] Rezeptvorschläge und Kochanleitungen verbreiteten die Tageszeitungen schon geraume Zeit. Darin ging es durchaus rigide zu. Mehr im Imperativ hieß zum Beispiel: Montag – Suppe aus Resten vom Sonntag, Haferflockenauflauf. Es ging um sparsame und billige Mahlzeiten. In ausführlichen Rechnungen wurde der Hausfrau nachgewiesen, daß eine tägliche Mehrausgabe von 20 Pfennig, auf die Gesamthaushalte berechnet, eine ungeheure Summe ergibt; daher sei diese Einsparung notwendig.[14]

Nach dem September 1939 begann der Werberat mit dem Reichsernährungsministerium, solche Kampagnen systematisch auszudehnen. Der jetzt zentral herausgebrachte »Rezeptdienst« wurde von Ratgeberheften flankiert. Die zackigen Titel verrieten die Ambitionen: »Gut kochen – gut wirtschaften«; »Was essen wir heute abend«; »Einmachen von Obst und Gemüse«; »Sammelanleitung für deutsche Hausteearten«; Sonderheft: »Lebensmittelkarten und richtige Ernährung«[15]. Das »Kochbuch für die werktätige Hausfrau« mit einer Auflage von 100.000 Exempla-

Anzeige, 1940

Werbedrucksache der Deutschen Hochseefischerei Bremen - Cuxhaven, 1937

ren sollte den zusätzlich durch Industriearbeit gestreßten Frauen – die Männer waren zumeist im Krieg – billige und schnelle Rezepte liefern. In Millionenauflagen erschien der »Rezeptdienst« ab 1940. »Frischkost für Sommer und Winter«, »Ungenutzte Schätze der Natur« oder »Hauptgericht ohne Fleisch« waren sicher viel genutzte Anweisungen. Ihnen allen gemeinsam war der Umgang mit dem jetzt vorherrschenden »Ersatz« für das Eigentliche. Die Industrien wurden offiziell aufgefordert, ihre Werbung entsprechend auszurichten. So inserierte die Nordsee-Hochfischerei A.G.: »Deutscher, iß Fisch! Du sparst dem Reich Devisen.«[16]

Insgesamt betrug die Zahl der Publikationen zur »wirtschaftlichen Haushaltsführung«, die der Werberat 1940 u.a. durch die Reichsfrauenschaften, Landesbauernschaften oder Lebensmittelhändler verteilen ließ, 44,5 Millionen Exemplare.[17] Ergänzung fand diese »Verbrauchslenkung« durch die entsprechenden Reichsministerien und Ausschüsse in Kampagnen und Aufrufen zur Einsparung und Wiederverwertung von Rohstoffen und zum umsichtigen Umgang mit Lebensmitteln.

DIE KAMPAGNE »KAMPF DEM VERDERB«

Dieser »… in der Fachwelt vielbeachtete Werbefeldzug«[18] erfuhr größte Aufmerksamkeit von Seiten des Werberates. Hier wirkten die an solchen »Aufklärungsfeldzügen« Beteiligten am deutlichsten zusammen: Handel, Industrie, Reichsernährungsministerium, der sogenannte Reichsnährstand, Propaganda- und Wirtschaftsminister und die Verbrauchsforschungsinstitute. Der Werberat koordinierte und sorgte für rasche Verbreitung und Durchsetzung. Die »Werbeaktion 'Seife vor Verlust bewahren'« (in der Seife waren anderweitig gebrauchte Öle und Fette enthalten) wurde sorgfältig auf die Rezipienten abgestimmt. Vorausging eine Analyse des Gesamtverbrauchs an Waschmitteln für die 18 Millionen Haushalte und die Feststellung fürs Briefing: »Schon ein Gramm Kalk in 100 Liter Wasser macht 16 Gramm Seife in ihrer Waschwirkung wertlos«[19]. Dann erfolgte die Auseinandersetzung mit den Gewohnheiten des Verbrauchers: »In den Augen der Hausfrau ist der Schaum von alters her Richtschnur bei der Beurteilung des Wertes eines Waschmittels«[20]. Um hier eine Verhaltensänderung zu erreichen bzw. zum spar-

Anzeige aus der »Kalkteufel«-Serie

Anzeige, 1937

samen Gebrauch anzuhalten, wurde die scheinbar aufklärerische Figur des »Dr. Weigt« geschaffen. Der erklärte mit flotten Sprüchen, daß Wasser zuerst mit »Henko weich gemacht werden müßte«. Dieser »Dr. Weigt« von Henkel-Düsseldorf mußte jetzt »rasch an die Hausfrau« herankommen. Die genaue Entwicklung eines planmäßigen »Anzeigen-Streuplans«, unter Berücksichtigung von Ferien und saisonalen Schwankungen, brachte dann die Mitteilung an den Verbraucher. »Wie mit wuchtigen Fanfarenstößen künden im März (1937) ganzseitige Großanzeigen in Tageszeitungen und Zeitschriften den Auftakt der Aktion an. Im April, Mai, Juni folgten Schlag auf Schlag meist als Viertelseiten die Anzeigenserien«[21]. Erweitert wurde die Kampagne mit anderen Symbolfiguren. Der »Kalkteufel«, der bei »Frau Lässig« das Waschpulver stiehlt, ebenso eine Henkel-Werbung, war so erfolgreich und populär, das sogar die Kinowerbung solche Spots aufnahm. Der umfassende Medieneinsatz wurde von der NS-Presse besonders begünstigt. Spezielle

Anzeigenkampagne, 1937/38

»Tuben-schlucker«, 1937

Vertreterschulungen der Unternehmen sicherten die Ideenverbreitung bis zum letzten Einzelhändler. In bemüht witzig – volkstümelnder Weise, hier unterschied sich die Werbung krass von früheren Beispielen, gelangten so zentrale »Aufklärungsfeldzüge« unter die Bevölkerung. Nicht selten wurde dabei auf die Wirkung von Comics vertraut, hatten sie doch den Vorteil, ernste Themen immer noch »lustig« darzustellen. Diese Tendenz, eindeutig der amerikanischen Werbung abgesehen, machte sich die Kampagne »Kampf dem Verderb« zu eigen. In kurzen, meist unbeholfenen Reimereien in Sütterlinschrift hieß es z.B.: »Dieser Ruf, er gilt Euch allen: / 'Holz gibt's für Kartoffelschalen!' / Kampf dem Verderb!«; »Deutscher spare! / Tubensammlung / Gebt auf jene Kästchen acht, / die an Kiosken angebracht! / Kampf dem Verderb!«; »Gemüsereste, Metallabfälle, Lumpen, Leder / Eimer werden aufgestellt, / damit das Sammeln leichter fällt. / Tuben werft zum Abfall nie! / Die Hitlerjugend sammelt sie!«[22]

So einfältig einem heute solche Texte vorkommen, hatten sie für das Regime doch Bedeutung. Zum einen wurden damit u.a. Lehrer, Blockwarte und ganze NS-Jugendorganisationen zur »Altmaterialsammlung« mobilisiert (dies trug wohl auch zur Steigerung des Gemeinschaftsgefühls bei), zum anderen ging es um die »Erfassung aller Haushalte«[23] und nicht zuletzt um politische Aktivierung: »Wer in der Altmaterialsammlung seine Pflicht tut, kämpft gegen England«[24]. Wer wollte sich da noch entziehen, wer konnte sicher sein, daß der ausgequetschte Tuben sammelnde HJ-Bengel (die Jugendorganisation spannte man für Sammlungen gerne ein), so er sie nicht bekam, darin nicht einen Grund zur Denunziation sah. Unter anderem wurde damit auch ein Gefühl der permanenten Spannung und Involvierung in sich häufende »Entscheidungsschlachten« gefördert.

Auch in der »Schädlingsbekämpfung« wurde der Werberat aktiv. »Eine Broschüre, die als besondere Figur die Gestalt des 'Übeltöters' brachte, wurde in einer Auflage von über 1,6 Millionen Stück über die Drogistenschaft, die Hauptvereinigung der deutschen Gartenbauwirtschaft, den Reichsbund deutscher Kleingärtner, den deutschen Siedlerverbund, den Reichsbund – Reichsbahnlandwirtschaft und die Verbrauchergenossenschaften zur Verteilung gebracht. Darüber hinaus gelangten ... 12.500 Plakate und die gleiche Menge Schaufensteraufkleber zum Einsatz. Andere Werbemittel, wie Beipackzettel und vor allem die Einrichtung der Schaufenster auf 'Kampf dem Verderb' rundeten die Aktion ab.«[25]

Zur Kampagne »Aufklärung über richtiges Heizen« entwickelte man als Symbolfigur das »Flämmchen«, eine Metapher für den sparsamen Holz- und Kohlenverbrauch. Auch hier wieder massiver Medieneinsatz: die Presse wurde mit 10.000 verschiedenen Anzeigen bestückt, 12 Millionen Broschüren mit Heizratschlägen verteilt, 8.730 Dias zum Thema Heizen kamen in die Kinos, Rundfunksendungen blendeten kürzeste Werbespots und kleine Hörspiele mit Spartips ein. In allen Fällen stand das »Flämmchen« im Kontext zur Werbung und erlangte, ähnlich wie zwei Jahre später der »Kohlenklau«, volkstümliche Bekanntheit.[26]

Paul Mundhenke, engagierter Werber dieser Zeit und für Henkel & Cie in Düsseldorf als Werbeleiter tätig, meinte dem Werberat Anerkennung für seine Leistungen auf dem Gebiete der NS-»Volksaufklärung« aussprechen zu müssen. Die »Maßnahmen auf dem Gebiet des Anzeigenwesens«, seien »... erst die Voraussetzungen für eine gesunde Weiterentwicklung ... und bedeuten damit eine beachtliche Erleichterung der organisatorischen Durchführung der Anzeigenwerbung. ... alles Fortschritte, deren Wert jeder zu ermessen weiß, der die Verhältnisse von früher kennt.«[27]

Eine warme Stube

soll jeder haben. Das ist nur möglich, wenn wir „richtig" heizen. Beachte, was Dir „Flämmchen", Deine Zeitschrift und der Rundfunk über „Richtiges Heizen mit wenig Brennstoff" sagen!

Anzeigenkampagne, 1940

DIE KAMPAGNE »ALTMATERIALSAMMLUNG«

Stärker noch als die »Kampf dem Verderb«-Aktivitäten waren die Altmaterialsammlungen durch den Krieg bestimmt. Es ging um knappe Rohstoffe, die die Kriegsindustrie dringend zur Waffenproduktion, oder für den Nachschub an den Fronten benötigte. Da z.B. die Gewinnung und Einfuhr natürlicher Wolle, Baumwolle und zum Teil synthetischer Fasern durch den Krieg fast gänzlich unterbunden oder nicht möglich war, führten der Werberat und der »Reichskommissar für Altmaterialsammlungen« Werbeaktionen durch, die »... alle in Frage kommenden Werbemittel in großzügiger Weise«[28] einschlossen.

»Neben einer weit ausgedehnten Plakatwerbung steht der Einsatz des Rundfunks mit Hörspielen, Rundfunkreportagen usw. Besonderer Wert wird auf die Mund-zu-Mund-Propaganda gelegt. Hierbei sind die Blockleiter der Partei und die Blockfrauenschaften eingesetzt. Der Zweck dieses Einsatzes ist klar: Die Aufklärung soll in jeden einzelnen Haushalt hineingetragen werden. Die gleiche Absicht verfolgte die Ausgabe von Merkblättern an die 23 Millionen Haushalte bei der letzten Verteilung

Plakat zur Metallsammlung, 1940

der Lebensmittelkarten. Der Einsatz der Presse erfolgte nicht allein durch Anzeigen. Es war vielmehr auch eine weitgehende Einwirkung durch den redaktionellen Teil vorgesehen, so durch Artikel in der Tagespresse und durch Bildreportagen in den Zeitschriften. ... Wissenschaftliche technische Anzeigen ... erschienen in sieben großen Tageszeitungen.«[29]

Solche breit gestreuten Mobilisierungsaufrufe führten u.a. zu sogenannten »Reichsspinnstoffsammlungen«, bei denen z.B. an zentralen Sammelpunkten Kleidung, Decken, usw. abgeliefert wurden. Doch hauptsächlich ging es um Metalle, eben jene Rohstoffe, die zur Waffenproduktion benötigt wurden. Die schon 1940 breit propagierte »Metallsammlung« hatte außerordentliche Wirkung gezeigt. Ob es nun die Glaubwürdigkeit und Intensität der Werbekampagne war oder der strenge Glaube an den Sieg Hitlers – die »Metallsammlung« übertraf offensichtlich die Erwartung ihrer Erfinder. An den zentralen Sammelstellen häufte sich teurer Familienbesitz (dem »Führer ein Opfer bringen«) wie Kronleuchter, Bestecke, Jugendstilerzeugnisse oder Skulpturen. Mißtrauisch beäugten die fleißigen Sammler die metallenen Kunstschätze in den Antiquitätenläden, auch Münzen von historischem und künstlerischem Wert landeten auf den Halden der »Metallspende für den Führer«. Die Parteiaktivitäten scheuten nicht davor zurück, auch Kirchenglocken, allein aus Bayern ca. 20.000, zur Einschmelzung zu bringen. Der darauf geäußerte Unmut veranlaßte die Zuständigen, die Kampagne etwas aus der Öffentlichkeit zurückzuziehen, zumindest die Anzeigenserien zu stoppen. Dennoch trug die Aktion dem Werberat Lob der höchsten Stellen ein.

Erst jetzt wurde wirklich deutlich, worauf der Werberat seit Jahren hinarbeitete: die Werbung hatte sich zu einem willfährigen Instrument der NS-Propaganda gewandelt. Im jetzigen Wirkungsbereich des Werberates fand die Aussage Goebbels' auf der Reichwerbetagung 1938, »Wir wissen genau, daß wir Werbefachleute brauchen«[30], Bestätigung. Es ging nun nicht mehr darum, Reklame für irgendwelche Kurorte, Parfums oder Autos zu machen. Werber sollten keine »Eintopfschlachten« mehr gewinnen, sondern den Kampf um die Köpfe führen, um den Weg in die Katastrophe zu ebnen. Die Bereitwilligkeit, mit der die von Goebbels so gelobten Werbefachleute jetzt in ihr neues Aufgabenfeld schlüpften, gibt noch heute zu denken. Zwar war die Mehrzahl der in der Werbung Tätigen, ca. 80 Prozent[31], mittlerweile im Militärdienst, doch verblieben an den entscheidenden Stellen Werbeberater zurück, vor allem in den Rüstungsbetrieben.

Inserat des Winterhilfswerkes 1938, Entwurf: Konrad Jochheim

DIE KAMPAGNE »KRIEGSMÄSSIGE AUSRICHTUNG DER INNERBETRIEBLICHEN WERBUNG«

Schon in den Jahren zuvor galt diesen Betrieben besondere Aufmerksamkeit. Zur Steigerung der Effizienz und Arbeitsintensität sollte eine festere Bindung des Arbeiters an »sein« Werk gesichert werden. Umfassende Maßnahmen der innerbetrieblichen Sozialversorgung, wie der Bau ganzer Werkswohnungssiedlungen (heute noch an vielen Industriestandorten zu sehen) oder die Einrichtung von Freizeitstätten, wurden aber nur bis ca. 1936/37 durchgeführt. Ebenso die vom »Amt Schönheit der Arbeit« angelegten Kampagnen, in denen der NS-Ästhetikbegriff produktivitätssteigernd eingesetzt werden sollte. Viel billiger, das wußte der innerbetriebliche Werbeberater, war nämlich der Weg, den Arbeiter selbst so zu beeinflussen, daß eine gesteigerte Arbeitsbereitschaft herzustellen war. Wohl wissend, daß es hier um einen sensiblen Bereich ging, wurde aus dem Arbeiter zunächst einmal das »Gefolgschaftsmitglied«. Verzichtet werden sollte in der »... innerbetrieblichen Werbung [auf, A.d.V.] reißerische, reklamehafte Formen, wie sie für die Absatzwerbung von Waren ... kennzeichnend waren.«[32] Vielmehr sollte ein »Ringen um die Seele des Gefolgschaftsmitgliedes ...«[33] stattfinden. Gegliedert und analytisch aufbereitet standen die Werbepläne bereit. Die gestalteten sich wie folgt:

»A) Innerbetriebliche Werbung und das Erzeugnis
   1. Werkstoffersparnis;
   2. Vermeiden von Nacharbeit, Wegfall von Ausschuß;
   3. Gütesteigerung;
   4. Fortschritte im Herstellungsverfahren.

B) Innerbetriebliche Werbung und die Werkabteilungen
   1. Mehr Ordnung in Büro und Betrieb;
   2. Nutzbringende Zeiteinteilung;
   3. Reibungslose Organisation;
   4. Unfallverhütung.«[34]

Um dies alles werblich aufzubereiten, sollten der »Werbefachmann und seine Mitarbeiter« eingesetzt werden. Im Briefing an die Werber hieß es dann: es »... muß der Inhalt der Werbung um Mitarbeit der Gefolgschaft darauf gerichtet sein, es deutlich zu machen, daß fehlende innere Anteilnahme des Arbeiters an seiner Arbeit die Volkswirtschaft schädigt ...«[35]. Bei allem, so die Empfehlung der Werber, sollte »geschickt und ansprechend« verfahren werden. Die Umsetzung in Werbemittel erfolgte massiv. Werbezeitungen, Vorträge und Plakate kamen zum Einsatz, ebenso Werbefilme und innerbetrieblicher Werbefunk, Bekanntmachungstafeln und eigens eingerichtete Werbehäuschen; Transparente wurden gehängt, Flugzettel verteilt, in die Lohntüten die »verkleinerte Ausführung« gesteckt, und der Betriebsführer verschickte »persönliche Briefe« mit Appellen. Auch das betriebliche Vorschlagswesen wurde reaktiviert und mit Prämien ausgestattet.[36] Doch hielt die anfängliche Vorsicht im Umgang mit der Belegschaft nicht lange an. Firmen wie »Junkers-Flugzeug und Motorenbau (JFM)« gingen dazu über, »... mit einem

Fachmännische Erfahrung und freudiger Einsatz einer Werksgemeinschaft von fast 22000 Volksgenossen. Wagemut und Verantwortungs-Bewußtsein der Betriebsführung, überlieferte Wertarbeit im Geist fortschrittlicher Technik, Mut und Können deutscher Fahrer schufen die Grundlage für sportliche Siege, die mithalfen, deutscher Arbeit Weltgeltung zu wahren.

Anzeige, 1938

Massenaufgebot von großen Plakaten ...« die Belegschaft zu »bearbeiten«, und »die aufrüttelnde Wirkung der mannigfachen Werbemittel« zu nutzen. Die Firma Junkers, ein Lieblingskind Görings (»Junkersmann, auf Dich kommt's an!«), war schon längst zum Werbeträger des deutschen Imperialismus geworden. Jedes Kind kannte das Produktkürzel JU(nkers)-52, oder JU-88, ebenso wie die Legenden um das Kriegsgerät von Messerschmidt (ME-109). Gerade mit Kriegsbeginn bekamen solche Werke enorme Bedeutung und so hatten die hier eingesetzten »... werblichen Maßnahmen den Gefolgsmann werbend zu zwingen, ... bis zum letzten für das Werk seine Pflicht zu erkennen«[37]. Der

Werbeleiter der Firma Junkers, Paul Michaligk aus Dessau, berichtete: »Die kriegsmäßige Werbearbeit im Konzern JFM ging von folgender Tatsache aus: Die Vorgänge an der äußeren Front führten zu einem starken Nachrichtenhunger an der inneren Front. Seine Befriedigung schaffte zugleich die Möglichkeit der intensiven Beeinflussung, die den abträglichen Eindruck und die hemmende Nebenwirkung jeder sonstigen Werbung ('man will was von dir') nicht kennt. Bei Benutzung des Nachrichtenhungers war es also nicht nötig, einen Widerstand zu überwinden, sondern es war eine günstige positive Einstellung der Gefolgschaft vorhanden, eine ungewöhnlich starke Aufnahmebereitschaft, die nur genutzt werden brauchte. Aus der Erkenntnis dieser werbe-psychologisch außerordentlich wertvollen Grundlage erfolgte die kriegsmäßige Umstellung der innerbetrieblichen Werbearbeit. Zu ihrer Achse wurde die Nachricht, die durch das Tagesgeschehen stets neu und immer wieder der Aufmerksamkeit gewiß ist.«[38] Über rund ums Werksgelände verteilte Lautsprecher einen innerbetrieblichen Nachrichtendienst und Werkfunk wurden die offiziellen Nachrichten übernommen, »... dabei etwas gekürzt, aber im Kern wiedergegeben und vor allem in der Färbung, die sie durch die amtliche Bearbeitung erhalten haben ...«[39], und Stunde für Stunde auf die Belegschaft eingetrommelt. Das Propagandaministerium war von den Anstrengungen des Werbers Paul Michaligk angetan und gratulierte – alles war »besonders gelungen«[40].

Zur Zusammenfassung und Verallgemeinerung solcher Erfahrungen diente die 1939 gegründete »Arbeitsgemeinschaft für innerbetriebliche Werbung«, die unter Aufsicht des Werberates tätig wurde. Darin vertreten waren 135 Werbefachleute aller großen Betriebe, u.a.: Ernst Dobmann, Sunlicht AG; Julius Dirk Domizlaff, Hauptwerbeleiter Reemtsma-AG; Hans Barkow, Werbeleiter für Küpperbusch AG; Juan Clausen, Vorstandsvorsitzender der P. Beiersdorf & Co. AG; Hans Domizlaff, Beirat-Reemtsma, Werbeberater für Siemens-Schukert Werke, Siemens & Halske, H. Franck Söhne GmbH; Otto Düker, Werbeleiter der Bewag, Berlin; Fritz Fischer, Hauptwerbeleiter der IG-Farben; Karl Habermann, Werbeleiter der deutschen Gasolin AG; Wilhelm Holtzheuer, Werbeleiter der Continental Gummiwerke AG; Dr. Carl Hundhausen, Verkaufsdirektor bei Dr. und Gebr. Hillers; Egon Juda, selbständiger Werbeberater; Johannes Kaupisch, Werbeleiter der Maggi GmbH; Hans Kropff, Wirtschaftsberater; Richard Künzler, Leiter der Gesellschaft für Verkaufsförderung; August Lichal, Vertreter des Werberates in Wien; Hermann Lorz, Reichsgeschäftsführer des NSRDW; Theo Lütgenhus, Hauptwerbeleiter der Defaka und E. Köster AG;

Anzeige, 1940, Entwurf: Arno Krause

Paul Mundhenke, Werbeleiter für Henkel und Cie. AG; Erwin Pickel, Werbeleiter der Mauser-Werke AG; Rudolf Ritter, Werbeleiter der Olympia-Büromaschinen AG; Paul Sachwitz, Werbeleiter der Fa. Dr. A. Oetger; Kurt Schacht, Werbeleiter der »Deutscher Ring« Lebensversicherung AG; Waldemar Steinacker, Direktor des Instituts für Wirtschaftspropaganda; Otto Teufert, Werbeleiter der Askania Werke.[41]

Es kann davon ausgegangen werden, daß die hier vertretenen Werber, so sie in sogenannten kriegswichtigen Betrieben tätig waren, ihre Betriebe ähnlich ausrichteten wie die Fa. Junkers. Wieviele dieser Werbefachleute später wieder im Dienst derselben Unternehmen standen, darüber bekommt man nur schwer Auskunft.

»DEUTSCHE AUSLANDSWERBUNG« IM KRIEG
DIE »SÜDOSTBESPRECHUNGEN«

Anzeigen in »Die Dame«, 1940

Der Wirkungsradius der verbliebenen Werber war ab 1940 äußerst eingeschränkt. Produktwerbung fand im Inneren des Landes kaum noch statt, und wenn, dann stand sie deutlich sichtbar – zumindest ab 1942 – im Gegensatz zu den Realitäten. Strenge Rationierung der Waren und die Papierknappheit zwangen fast gänzlich zur Einstellung z.B. von Anzeigenserien, ausgenommen jene, die sich mit sogenannten Verbrauchertips im Kontext zum Produkt befanden. Nur wenige Beispiele von Inseraten für modische Artikel lassen sich für diese Zeit finden. Außerdem ging der Werberat gegen solche Annoncen vor. Neben der innerbetrieblichen Werbung stand nun die sogenannte Auslandswerbung im Mittelpunkt der Reklametätigkeit. Ausländische Märkte waren zur Devisenbeschaffung und Aufrechterhaltung des Exportes für Hitler besonders wichtig. So erschienen einige Zeitschriften, nachdem Goebbels vorher signalisierte, daß diese auch in Antiqua und nicht unbedingt in Fraktur gesetzt werden könnten, in englischer Sprache. Sonderausgaben der Zeitschrift »Die Dame«, die extra für das Ausland in englischer Sprache gedruckt wurden, sollten den ehemals starken Sektor der Bekleidungs-Industrie fördern, die Exporte erhöhen. Auch die Fachzeitschrift der Werber »Die Gebrauchsgraphik« wurde in englischer Sprache publiziert, gab aber keineswegs die Verhältnisse im Inneren Deutschlands wieder.

Was unter dem Namen »Südostbesprechung« firmierte, sollte eine Initiative zur Förderung des Exports sein. Die unter der Leitung des Werberates stehende Auslandwerbung sollte die »... wirtschaftspolitische Auffassung des Reiches ...«[42] verbreiten helfen.

Wichtiges Mittel dazu war die Zusammenfassung aller Organisationen, die im Ausland im deutschen Auftrag auf wirtschaftspolitischem Gebiet tätig waren. Geographisch analog zum Kriegsgeschehen richtete sich diese Aktivität zeitweise auf den europäischen Südosten und den Nahen und Mittleren Orient. Dazu veranstaltete der Werberat ab April 1940 die »Südostbe-

RHEINISCHE LANDESZEITUNG / DÜSSELDORF Anzeige, 1939

sprechungen«, um zu »... einer sinnvollen Ordnung der Werbung in diesen Räumen zu finden.«⁴³

Teilnehmer der »Südostbesprechungen« unter Vorsitz des Werberatspräsidenten Hunke waren: der Mitteleuropäische Wirtschaftstag, die Deutsch-Bulgarische Handelskammer, die Deutsche Handelskammer für Jugoslawien, die Deutsch-Iranische Handelskammer, der Deutsche Orient Verein, der Deutsch Iranische Schulverein, der Ausschuß für die Übersetzung deutscher Normen und Lieferbedingungen, der Technisch Wirtschaftliche Beratungsdienst, der Verein Deutscher Ingenieure (VDI), die Arbeitsgemeinschaft für Arbeits- und Kolonialtechnik (AKOTECH), der Aufklärungsausschuß Bremen, das Amt für Technik der NSDAP, die Auslandsorganisation, der Deutsche Aka-

Heinrich Hunke bei einer Ausstellungseröffnung in Finnland, 1939

demische Austauschdienst, die Gesellschaft für Auslandswerbung (Gefa) und das Auslandskontor GmbH.

Von diesem Gremium durchaus beachtlicher Organisationen, zum Teil mit Personen besetzt, die schon im ersten Weltkrieg Eroberungspläne zu realisieren bemüht waren, erfolgte der »... einheitlich gelenkte Einsatz aller öffentlichen Werbemittel im Ausland«[44] auf folgenden Gebieten: Vortragsveranstaltungen, Werbefilmveranstaltungen, Stipendienberatung, Studienreisen ausländischer Werbefachleute und Volkswirtschaftler nach Deutschland, Beobachtung der Wirtschaftswerbung und Marktanalyse im Ausland durch die deutschen Forschungsinstitute, z.B. des Nürnberger Instituts für Wirtschaftsbeobachtung, Messen, Analyse der Wirtschaftspresse des Auslandes, Kontakte zu den auswärtigen Handelskammern.

Ein Vertreter des Werberates sollte in den jeweiligen europäischen Hauptstädten einen ständigen Sitz bekommen.[45] Dieser Anspruch dehnte sich auf die Länder Jugoslawien, Albanien, Griechenland, Syrien, Ägypten, Tunesien und Äthiopien aus. Heinrich Hunke selbst reiste in dieser Zeit zu verschiedenen »Vortragsreisen« nach Bulgarien, Jugoslawien und in die skandinavischen Länder. Es ist davon auszugehen, daß die »Südostbesprechungen« auf Drängen des Wirtschafts- und Außenministeriums zustande kamen, denn die Befugnis des Werberates reichte allein nicht aus, um diesen Zusammenschluß zu gewährleisten.[46] Um den Ausländern einen Eindruck davon zu geben, was »... deutsche Arbeit und deutsches Geistesgut ...«[47] denn eigentlich sei, produzierte der Werberat (die UFA stand da bereit) Propagandafilme. Verschickt wurden diese an »Ingenieurvereinigungen, Hoch- und Mittelschulen, staatliche und technische Betriebe ...«[48] in 18 Ländern, darunter wichtige Rohstofflieferanten wie Argentinien und Chile. Ansonsten spiegelt sich in der Mengenstaffelung dieses cineastischen Sonderfalles die Expansionspolitik Hitlers wieder. Jugoslawien bekam 66, die Niederlande 37, Rumänien und Dänemark 28, Bulgarien 25 und die Sowjetunion 19 Filme. Der Inhalt dieser Streifen (insgesamt 398 bis 1941[49]) bezog sich auf die propagandistische Darstellung deutscher Industrieprodukte, lieferte aber auch genaue Erklärungen zur Anwendung deutscher Industrienormen. Um die über die »Südostbesprechungen« hergestellten Kontakte zu ausländischen Wirtschaftszeitungen zum Zweck der deutschen Propaganda zu intensivieren, lud der Werberat ausgesuchte Wirtschaftsredakteure des Auslandes ein. Die Teilnehmer solcher »Studienreisen« sollten dem deutschen »... Wirtschaftssystem gegenüber aufgeschlossen ...« werden. Unter Beteiligung des »Aufklärungsausschusses Hamburg-Bremen« gab der Werberat einen »Artikeldienst« heraus, der die ausländischen Wirtschaftsredaktionen mit Aufsätzen und Presseerklärungen beschickte. Die letzten Sonderausgaben von deutschen Exportzeitschriften mit Werbung in anderen Sprachen, z.B. auch jene für Elektroartikel, wurden erst Ende 1944 eingestellt.

»WERBUNG ALS KRIEGSBEITRAG«

Der von Heinrich Hunke 1943 entwickelte Begriff der »kriegsdienenden Werbung«, die ein »... wesentlicher Beitrag zur Erhaltung und Stärkung des deutschen Siegeswillens ...«[50] sein sollte, bestätigte erneut die devote Haltung dieser Institution. Doch blieb jetzt neben der Auslandswerbung und innerbetrieblichen Mobilisierung nicht mehr viel zu tun. Im Juli 1944 stellten zahlreiche dem Rat angeschlossene Organisationen, darunter der NSRDW, ihre Arbeit ein. Im September 1944 folgte das Aus für die Werberatspublikation »Wirtschaftswerbung«. In dieser Zeit trifft man jedoch noch den ungebeugten Schriftleiter von »Seidels-Reklame« wieder, die nun »Werben und Verkaufen« heißt. M.C. Schreiber, der 1933 die erste Kundgebung für die deutschen Werber in Berlin kommentierte (»auch in der Werbung hat der Geist des neuen Deutschland gesiegt«), sah in der »kriegsdienenden Werbung« einen »... wirksamen Beitrag zu unserer Kriegsführung ... Dem deutschen Werbefachmann steht also hier ein weites Arbeitsfeld offen ...«[51]. Je aussichtsloser die Lage war, umso mehr steigerten sich die verbliebenen Werbeprofis in ihren nationalsozialistischen Wahn. Im Sommer 1943 erklärte der führende Werbetheorektiker des NSRDW, Wündrich-Meissen, die Arbeit der Werbefachleute wäre erst dann sinnvoll, »... wenn die politische Führung ... aus dem Herzen des Volkes heraus den Krieg als Existenzkampf jedes einzelnen empfinden ...« lasse. Das klare »Kriegsziel sollte sein »... der Kampf gegen Weltjudentum, Bolschewismus, und Plutokratie ..., der für jeden einzelnen lebens- und zukunftsentscheidend ist.«[52] Solche straffe Gesinnung zeigten auch andere Naziwerber. Carl Hundhausen, ebenfalls in der oberen Hierarchie der Goebbelschen »Markentechniker« eingegliedert, propagierte 1943 den totalen Krieg als das »... beherrschende Gesetz«[53] der »deutschen Wirtschaftswerbung«. Und im Blick auf die vergangenen zehn Jahre Arbeit der Werbung für den Nazistaat: »Die Wirtschaftswer-

Anzeige, 1940

Abbildungen Seite 156 und 157 Anzeige der Bayer-AG, 1941

Die Heimatfront steht!

Auch die Heimat ist Front. Sie ist das Rückgrat der kämpfenden Männer draußen. In dieser Front ist jeder mobilisiert, jeder ist aufgerufen, seinen Mann zu stehen, auch die Frauen, unentbehrliche Helfer für die Erfüllung so mannigfacher notwendiger Aufgaben. Hier werden die Waffen geschmiedet, die Verwundeten gepflegt, neue Soldaten ausgebildet und die Kinder im heroischen Geiste unserer Zeit erzogen. Jeder ist verpflichtet, seine ganze Kraft daranzusetzen, um das innere Gefüge des deutschen Lebens und der Wirtschaft vor Erschütterungen zu bewahren.

Eine solche dauernde unverminderte Hingabe an die schweren Aufgaben der Zeit stellt hohe Anforderungen an die körperliche und seelische Widerstandskraft. Daraus erwächst eine erhöhte Verantwortung für die eigene Gesundheit. Wir haben keine Zeit, krank zu sein. Wir brauchen eine starke und gesunde Heimatfront. Der Arzt und die pharmazeutische Wissenschaft wachen über der Erhaltung der deutschen Volks- und Wehrkraft. Alle Arzneimittel, die zur Sicherung und Stärkung der Volksgesundheit notwendig sind, werden nach wie vor hergestellt. Deutschland besitzt einen reichen Schatz an Heilmitteln, die die Bewunderung der Welt erregen. Sie kommen jetzt in erster Linie dem deutschen Volk zugute: den Soldaten an der Front, den Frauen und Kindern und den Arbeitern in der Heimat.

Jeder trage dazu bei, daß die Heimatfront unerschütterlich steht, indem er sich für seine Gesundheit verantwortlich fühlt und rechtzeitig den Arzt und die Arzneimittel seines Vertrauens zu Hilfe holt.

ARZNEIMITTEL

Schutz dem kommenden Geschlecht!

Unaufhaltsam geht die Bewegung des Lebens weiter. Hinter den Männern und Frauen, die um die deutsche Selbstbehauptung kämpfen, um die Lebensrechte unseres Volkes, um seine Zukunft, — steigt ein neues Geschlecht herauf, das einmal Erbe unseres Sieges sein wird. Die Zeit, in der die deutsche Jugend heranwächst, ist ernst, aber sie bietet ihr den hohen Anblick von Taten, die eingehen werden in die Geschichte der Völker. Jungen und Mädel verlassen die unbefangenen Spiele ihres Alters und finden in der Zusammenraffung aller Kräfte, die uns die Stunde auferlegt, bereits einen nützlichen Einsatz.

Die feindliche Blockade versucht, diese Jugend, die den kostbarsten Besitz der Nation ausmacht, zu bedrohen. Sie möchte sie durch Not und Entbehrungen zermürben und die Träger unserer Zukunft einem langsamen Niedergang preisgeben.

Aber Deutschland ist in seiner Jugend nicht zu treffen. Die den großen Krieg von 1914 bis 1918 als Kinder erlebten, erfüllen heute als starke und tapfere Männer ihre Pflicht, und die heute Kinder sind, werden erst recht für alle Versuche der feindlichen Blockade unerreichbar sein.

Mehr denn je gilt die Fürsorge des Staates und die Fürsorge der Familien den Kindern und der Jugend. Ihnen eine ungestörte und kraftvolle Entwicklung zu ermöglichen, ist das Bestreben aller, die sich für ihr Gedeihen verantwortlich wissen. Die Bemühungen der deutschen Gesundheitsfront sind mit besonderer Aufmerksamkeit darauf gerichtet, alle Mittel, deren Kinder zu ihrem Schutz, zu ihrer Heilung und zu ihrer Kräftigung bedürfen, in altem Umfang und in alter Beschaffenheit bereitzuhalten. Nichts von dem Notwendigen soll der deutschen Jugend fehlen, auf daß sie als ein starkes Geschlecht einst das Werk der heute kämpfenden Generation übernimmt.

ARZNEIMITTEL

> Jahrgang 1941   Berlin / Oktober 1941   Heft 10
>
> *Der Präsident
> des Werberates der deutschen Wirtschaft*
>
> Der Augenblick verlangt von der deutschen Werbung weitgehende Einschränkungen. Der Erlaß der entsprechenden Anordnungen und die Zustimmung zu den Bestimmungen anderer Dienststellen sind mir nicht leicht gefallen. Aber ich bin überzeugt, daß die Notwendigkeit von den einsichtigen Werbungtreibenden, Werbern und Werbefachleuten ebenso erkannt wird, wie ich sie bejahen mußte.
>
> Ich erwarte, daß jeder die kriegsbedingten Verhältnisse bei der von ihm veranlaßten oder durchgeführten Werbung besonders sorgfältig berücksichtigt.
>
> Die jetzt erlassenen Anordnungen müssen auf das schnellste durchgeführt werden, damit so die deutsche Werbung zwar eingeschränkt, aber im übrigen ungebrochen durch die Schwierigkeiten hindurchgeführt wird. Sie wird dann später um so schneller und stärker wieder aufblühen.
>
> Berlin, den 14. 10. 1941

Aus: Wirtschaftswerbung, Amtliches Organ des Werberates, Heft 10, Oktober 1941

bung hat sich von den Schlacken des privategoistischen Gewinnstrebens reinigen können, und sie ist hineingewachsen in ein neues Ethos, aus dem sie bewußt dem Ganzen dient.«[54] Das Kriegsende erlebt Hundhausen als Direktor der Waffenschmiede Friedrich Krupp A.G. in Essen.

1945 werden der Werberat und seine Bekanntmachungen sowie das Werbegesetz von 1933 durch den alliierten Kontrollrat aufgelöst bzw. aufgehoben.

COCA COLA IST WIEDER DA UND PERSIL IST NOCH BESSER ALS FRÜHER!

Nun könnte dieses Buch mit einem Bericht über die Verurteilungen der hauptverantwortlichen Werbestrategen, die sich in volksverhetzender Weise an Goebbels Propaganda beteiligten oder sie inszenierten, abschließen. Doch wir wären nicht in der Bundesrepublik Deutschland, wenn nicht auch die führenden Werber Hitlers nach 1945 wieder einen Platz gefunden hätten, gerade so, wie es aus der Justiz, der Politik, der Medizin und anderen Bereichen bekannt ist. Es besteht ein enger Zusammenhang zwischen den zahlreichen Freisprüchen für die »Führer« der deutschen Industrie (oder den gar nicht zur Verhandlung gekommenen Verbrechen) und dem weiteren Wirken der Werbeprofis nach dem Krieg.

Vergegenwärtigt man sich, daß der Werberat der deutschen Wirtschaft u.a. aus jenen Vertretern der größten deutschen Industrieunternehmen gebildet wurde, die fast ausnahmslos nach dem Krieg wieder in die Produktion einstiegen, so wird klar, daß die damals hergestellten engen Verbindungen zwischen Werbern und Unternehmen 1945 nicht unterbrochen wurden. Eingespielte, im NS-Staat geknüpfte und bewährte Kontakte behielten ihre Gültigkeit.

Anzeige, 1954

Lieber Käufer, bleibe heiter,
wenn die Ware heute rar; –
munter ruft die Werbung weiter:
einmal bin ich wieder da!

Anzeigenvorschlag des Werberats 1941

Heinrich Hunke, der Mann mit dem goldenen Ehrenabzeichen der NSDAP und Ex-Werberatspräsident, sitzt bald in der niedersächsischen Regierung als Leiter der Wirtschaftsabteilung. Carl Hundhausen, noch 1943 gegen »Weltjudentum und Bolschewismus« kämpfend, tritt dem Vorstand des »Zentralausschusses der Werbewirtschaft e.V.« (ZAW), 1950 bei. Dort ist auch schon Hans Dürrmeier als Vorsitzender tätig, der zuvor Geschäftsführer der NS-»Gesellschaft für Auslandswerbung mbH« war. Carl Hundhausens Spezialgebiet ist die Markenartikelwerbung, mit der er sich in dem Branchenblatt »Der Markenartikel« in den fünfziger Jahren beschäftigt. Außerdem ist er gern gehörter Redner an der Folkwangschule in Essen. Er erinnert sich in in seinen vulgär-philosophischen Vorträgen zur Werbung manchmal seiner Zeit als Verbrauchssteigerer von Zucker. Wohl von ihm stammt auch der dümmliche Slogan der Zuckerindustrie der dreißiger Jahre zur sogenannten Gemeinschaftswerbung: »An Zucker sparen, grundverkehrt, der Körper braucht ihn, Zucker nährt!«[55]

Auch Dr. Ludwig Erhard hielt weiter Kontakt zu den Werbern und deren Auftraggebern aus der Industrie. Auf seinen Erfahrungen im Nürnberger Institut zur Konsumforschung und Wirtschaftsbeobachtung in den dreißiger und vierziger Jahren aufbauend, erfährt er 1955 mit seinem Konzept des nicht kartellgebundenen Wirtschaftens die »Unterstützung der gesamten Markenartikel-Industrie«[56] als Bundeswirtschaftsminister.

Dr. Philipp Möhring, unter Heinrich Hunke noch Mitherausgeber der »Wirtschaftswerbung«, bewährt sich weiterhin als Ratgeber für Rechtsschutzfragen in der Werbung. Dr. Georg Bergler, engagiert im »Reichsausschuß für Absatzwirtschaft« bis 1945, widmet sich weiterhin der Werbung, u.a. mit einem Buch, das er 1969 mit dem Titel: »Werben ist eine Kunst« veröffentlicht. Überhaupt ist die einschläge Fachliteratur der ersten zwanzig Jahre nach dem Krieg mit altbekannten Namen bestückt. Hans Wündrich-Meissen (»die große Flamme echter nationaler Begeisterung«), Hans Domizlaff (der »Markentechniker«), Hans Brose (»Götterdämmerung des Markenartikels«, 1937) oder Prof. Emil Dovifat (»Die Zeitung soll Führungsmittel der Staatsmacht werden«), sie alle bestimmten (denn nur langsam dringt in dieser Zeit die amerikanische Fachliteratur nach Deutschland) Theorie und Praxis der Nachkriegswerbung. Tatsächlich verändert sich das Bild der Werbung in den fünfziger Jahren nur gering. Beibehalten wurden die Gestaltungs- und Textmethoden, das typisierte deutsche Familien- und Frauenbild beherrschte die Werbung so wie die Jahre zuvor unter dem Werberat. Industrie und Werber hatten sich bloß der allzu deutlich völkischen Zusätze entledigt, nutzten die reicher gewordenen technischen Mittel, wie z.B. die schnell vordringende Radio-, TV- und Kinowerbung.

Noch ein weiteres Indiz spricht für den Versuch, alte Zeiten in den Nachkriegsjahren zu konservieren. Zwölf Jahre lang waren Werbungsvermittler, Werbungsauftragsgeber und Zeitungsverleger daran gewöhnt, durch das »Zwangskartell«[57] des Werberats alle Preise fixiert bekommen zu haben (die sogenannte Preistreue). Jetzt sahen sie in dem alliierten Verbot wettbewerbshemmender Absprachen und in der Gewerbe- und Wettbewerbsfreiheit ihre Positionen bedroht. Der 1949 gegründete ZAW durfte nämlich keine Preisabsprachen treffen. Dies führte in den folgenden Jahren, die Fachzeitschriften überschlugen sich zeitweise mit Artikeln und Forderungen nach einer neuen »Preislistentreue«, zu erheblicher Verunsicherung. Die sogenannten Werbungsmittler oder Werbeagenturen wollten über die Provisionen von den Verlegern, z.B. für verkauften Anzeigenraum, das schnelle Geld machen bzw. diese als ihre Einkommensquelle sicherstellen. Die Werbungsauftraggeber hingegen hätten lieber solche, bei ca. 15 Prozent liegenden Preisnachlässe von den Verlegern selber eingesteckt. Erst ein Urteil des Bundesgerichtshofes von 1970[58] setzte dem Streit, der letztlich ein Zeugnis wirtschaftspolitischer Unmündigkeit und Unfähigkeit zu demokratischem Denken und Handeln abgab, ein vorläufiges Ende. So sehr die Werbung selbst in ihrer Gestaltung und in ihren Mitteln lange Zeit von Rückgriffen auf die Naziperiode lebte, so wenig war sie in der Lage, mit der nun von alliierter Seite geschenkten Freiheit umzugehen.

Die Internationalisierung der Werbung, besonders durch weltweit operierende Agenturen, machte dieses Problem in Deutschland spätestens ab den siebziger Jahren zunächst obsolet. Die Full Service Agenturen heute haben nichts mehr mit dem alten Berufsbild der Werber zu tun. Trotzdem schwärmen Veteranen weiterhin von vergangenen Zeiten. Da hat der Nationalsozialismus noch etwas Faszinierendes an sich. Der ehemalige Werbedirektor der Hoechst AG, Harry Damrow, Mitbegründer der »Frankfurter Schule für Marketing-Kommunikation«, meinte 1981, daß der Nazistaat »... in der Wirtschaftswerbung Klarheit und Wahrheit und faire Spielregeln für alle Beteiligten wiederhergestellt ...«[59] hätte. Welche persönlichen Neigungen Herr Damrow zum NS-Staat hatte, darüber soll nicht spekuliert werden. Es gehört jedoch ein enormes Maß an Zynismus dazu, die Rolle der Werbung im Hitlerstaat so zu glorifizieren. Und meint er mit »allen Beteiligten« auch jene Berufskollegen, die emigrieren mußten oder Opfer der rassistischen Verfolgung wurden?

Anzeige, 1950

Anzeige, 1955

Auch der Verband der deutschen Städtereklame erinnert sich 1972 zum fünfzigjährigen Jubiläum noch wehmütig an das Werberats-Mitglied Richard Prost, der in einer Rede 1933 die systematisch betriebene Ausgrenzung u.a. jüdischer Werber und Firmen aus dem Anzeigengeschäft begrüßte: »Es muß unsere Aufgabe sein, unlauteren Elementen keine Möglichkeit zu geben, sich innerhalb unseres Arbeitsgebietes zu betätigen.«[60]

Solche Aussagen scheinen, vielleicht unbewußt, späte Wirkung zu haben. Der Hang zu Restriktionen, zur Niederhaltung von Konkurrenten bewegte den Gesamtverband der Werbeagenturen (GWA) in Frankfurt wenige Jahre nach dem BGH-Urteil zu der Idee, ein sogenanntes Gütesiegel für die Werbung einführen zu wollen. Suggeriert der Name noch etwas von Qualität der Werbung, ging es doch um anderes. Eine bundesweite Monopolstellung sollte abgesichert werden, denn von 28 Top-Agenturen mit über 100 Millionen DM Jahresumsatz 1987[61] gehörten bis auf drei Agenturen alle der GWA an. Der GWA will »... sogar die Konkurrenz der GWA-Agenturen untereinander überflüssig machen ... Er will ein Kartell sein ... Das Kartell des kreativen und damit qualitativen Minimalismus und der wirtschaftlichen Risikoabtretung«[62].

Wenngleich sich in solchen Anstrengungen auch internationale Kartellisierungsbestrebungen wiederspiegeln, erinnern sie doch stark an das Werberatskartell von 1933, unter Wegfall der staatlichen Aufsicht.

Internationale Werbungstrusts bildeten sich heraus, die sich inzwischen mit Media-pools Sendezeiten sicherten (z.B. von den TV-Anstalten), ganze Zeitblöcke einkaufen und an die werbende Industrie weiterverkaufen. So hatten die drei größten Agenturgruppen der Welt 1987 folgende stattliche Bilanzen aufzuweisen:

Agenturgruppe	Brutto-Einkommen Mio.	Billings Mill.
Dentsu Inc.	$ 884,5	$ 6.78
Young & Rubicam	$ 735,5	$ 4.91
Saatchi & Saatchi	$ 693,6	$ 4.61

(Billings: Schaltkosten, Verkaufsförderung, Sponsering, Marktforschung, etc.)[63]

Noch verhindert die Struktur der öffentlich-rechtlichen Sendeanstalten in der Bundesrepublik eine derartige Monopolstellung, doch ist mit Erstarken der privaten Anbieter ähnliches auch hier absehbar. Ebenfalls in diese Richtung weist die seit Jahren anhaltende Konzentration der Print-Medien-Konzerne. Darüberhinaus gehört z.B. Young & Rubicam zur GWA-Gruppe und läßt damit die bundesdeutschen Bemühungen als Teil der internationalen Operationen deutlich werden. Angemerkt sei noch, daß die weltweit tätigen Agenturgruppen weniger Werbung im herkömmlichen Sinne betreiben, vielmehr handelt es sich um unternehmerische Konzepte der Medienbeherrschung. Hier könnte sich der Kreis zu der enorm zentralisierten Medienmacht im Nationalsozialismus schließen. Die damals geschaffenen Strukturen waren hochmodern und vielleicht deshalb auch so teuflisch wirksam und effizient. Werbung war darin nur ein integrierter Teil, der erst im gesamten Apparat zum Tragen kam.

ANHANG

**MITGLIEDER DES WERBERATES
DER DEUTSCHEN WIRTSCHAFT
AB 1933**

Präsident: Ernst Reichard (bis 1939), dann Heinrich Hunke

Aus der Industrie:
Fritz Bleyle, Textilfabrikant, Stuttgart; Dr. Heinrich Gattineau, Stickstoffindustrie; Direktor von Helem, Vereinigte Stahlwerke Düsseldorf; Dr. Heinckel, Flugzeugbau, Warnemünde; Dr. Hugo Henkel, Persilwerke, Düsseldorf; Direktor von Hentig, Daimler-Benz, Berlin; Christian Kupferberg, Sekthersteller, Mainz, Konsul Mann, IG-Farben, Leverkusen; Erwin I. Merck, Berlin; Adolf Müller, Druckerei, München; Generalkonsul Heinrich Neuerburg, Zigarettenindustrie, Köln; Max Oboussier, Generaldirektor, Hamburg; Generalkonsul Roselius, Kaffee Haag, Bremen; Direktor Schwartz, Salamander-Schuhe; Fritz Solm, Berlin; Generaldirektor Theunert, Kathreiner GmbH, Berlin; Direktor Bruno Uhl, Agfa, Berlin; Dr. von Winterfeld, Elektrische Industrie (Siemens), Berlin; Dr. Walter Wolff, Kosmetische Industrie, Karlsruhe.

Aus den Verbänden und Ausschüssen:
Max Amann, NSDAP, Reichspressekammer, Verlagsdirektor; Dr. Willi Bischoff, Verleger; Dr. Carol Edler von Braunmühl, NSDAP, Amtsgerichtsrat, Geschäftsführer des Werberates; C.Th. Bruger, Amt für Agrarpolitik; Hermann Canzler, auch im NSRDW, Hannover; Johannes Engel, Stadtrat und Dezernent des Verkehrsinstitutes der Stadt Berlin; Dr. Rudolf Firle, Bremen; Hugo Fischer, stellv. Reichspropagandaleiter der NSDAP, Reichsfachschaftsleiter des NSRDW; Abraham Frohwein, Ehrenpräsident der deutschen Gruppe der internationalen Handelskammer; Paul Freudemann, Hauptgemeinschaft des deutschen Einzelhandels, Berlin; Rudolf Funke, Präsident des deutschen Bauernbundes e.V., Berlin; Fritz Gabler, Vertreter des Gaststättengewerbes, Heidelberg; Herbert Grau, NSDAP, SS-Obersturmführer, Redakteur für die Auslandswerbung des Werberates, Geschäftsführer des Rates; Dr. Jacob Herle, Reichsverband der deutschen Industrie, Berlin; Dr. Paul Hilland, Deutscher Industrie- und Handelstag, Berlin; Carl Hundhausen, Solingen, später Essen; Konsul Hans Jonas, Direktor der deutschen Ostmesse, Königsberg; Kallsen, Präsident der Landwirtschaftskammer, Bremen; Prof. Dr. von Kapff, Berlin; Dr. Karl Heinz Kikisch, seit 1942 Beauftragter des Rates im Elsaß; Dr. Kleinmann, Generaldirektor, Berlin; Generaldirektor Klizsch, Vertreter des Anzeigengewerbes, Berlin; Dr. Raimund Köhler, Leipziger Messeamt; Dr. Karl Kräutle, Berlin; Kuebarth, Präsident der Industrie- und Handelskammer für Ost- und Westpreußen; H. Kühnemann, Ministerialrat im Reichsjustizministerium; Richard Künzler, NSDAP, stellvertretender Reichsfachschaftsleiter des NSRDW; Bernhard Leopold, Bergwerksdirektor, Berlin; Oberbürgermeister Liebel, Nürnberg; Dr. Lübbert, Generaldirektor, Verkehrswesen AG, Berlin; Herzog Adolf Friedrich zu Mecklenburg; Wilhelm Meinberg, Staatsrat, Berlin; Max Menzel, Bund reisender Kaufleute, Berlin; Gustav Metzges, Vorsitzender des Verbandes der deutschen Annoncen-Expeditionen, Berlin; Dr. Philipp Möhring, Rechtsberater und Notar des Rates; Karl Müller, Bankdirektor, Beauftragter der deutschen Verbrauchergenossenschaften, Berlin; Karl Passarge, NSDAP, Gründungsmitglied des Rates und seit 1938 Geschäftsführer; Geheimrat Prent-

zel, für das Kalisyndikat, Berlin; Richard Prost, Generaldirektor, Frankfurt; Helmut Reinke, Staatsrat, Berlin; Dr. von Renteln, NSDAP, Präsident des deutschen Industrie- und Handelstages, Berlin; Dr. K. Rieger, Ministerialrat im Wirtschaftsministerium; Rolf Rienhard, Rechtsanwalt, Berlin; Max Riesebrodt, Direktor der Postreklame, Berlin; Dr. Scheuermann, NSDAP, für die Reichsfilmkammer; Dr. Schmidt, Oberbürgermeister von Gotha; Direktor P. Schmidt, für das Adressbuchwesen, Leipzig; Präsident Schmidt, für die Handwerkskammer, Wiesbaden; Dr. von Schnitzler, Ausstellungs- und Messeausschuß; Ewald Schöller, Breslau; Ferdinand Schraud, für den Reichsverband der deutschen Industrie, Berlin; Dr. Schüßler, für die Heilmittelwerbung, Berlin; Dr. Martin Sogemeister, für den Verband Nordwestdeutscher Wirtschaftsvertretungen; Herbert Stüben, Assessor, Beauftragter des Rates in Posen seit 1939; Generaldirektor Thomas, für die Berliner Verkehrsbetriebe, Berlin; Arnold Trumph, für den Reichsverband der Landwirtschaftlichen Genossenschaften, Berlin; Eduard Vater, Berlin; Karl Vetter, NSDAP, Reichshauptabteilungsleiter im Reichsnährstand, Berlin; Dr. Wiethorn, für den Reichsverband der Plakatanschlag-Unternehmen, Berlin; Dr. Zetzsche, Regierungsrat, für den Zentralverband des Groß- und Überseehandels.

ORGANISATIONEN DES DEUTSCHEN WERBEWESENS IM NATIONALSOZIALISMUS

Der Werberat der deutschen Wirtschaft
Reichspropagandaminister Goebbels bestimmte die organisatorische Aufgabe des Werberates wie folgt: »Seine Aufgabe ist ..., die gesamte deutsche Wirtschaftswerbung unter einen einheitlichen Willen zu stellen, die organisatorische Zersplitterung, die durch einen überspitzten Individualismus hervorgerufen wurde, zu beseitigen und die Werbung nach den Erfordernissen des neuen deutschen Staates durchzuführen.«

Nach § 1 des Wirtschaftswerbegesetzes sollte der Werberat das »... gesamte öffentliche und private Werbungs-, Anzeigen-, Ausstellungs- und Messewesen« einheitlich zum NS-Staat und seinen Zielen hin ausrichten. Damit war die Festlegung des Werberates als Kontroll- und Lenkungsinstrument, das dem Reichsministerium für Volksaufklärung und Propaganda unterstand, festgelegt. Der Werberat war keine Mitgliederorganisation im Sinne einer Massenorganisation. Der Präsident verteilte die Geschäfte, »... gibt die Richtlinien für die Führung, beruft die Fachausschüsse und trifft Entscheidungen ... im Einvernehmen mit dem Vorsitzenden des Verwaltungsrates.«

Der Verwaltungsrat setzte sich aus den Vertretern der verschiedenen Ministerien zusammen. Vorsitzender des Verwaltungsrates wurde satzungsgemäß der Staatssekretär des Reichspropagandaministeriums. Die Besetzung der Fachausschüsse rekrutierte sich aus den Mitgliedern des Werberates. Sämtliche Mitglieder des Werberates, auch die nach Kriegsanfang eingesetzten Beauftragten in den besetzten Ländern, wurden unter Aufsicht des Reichspropagandaministeriums ernannt.

Organisationsaufbau (im Modell) der deutschen
Wirtschaftswerbung und ihre Einbindung an das
Reichsinnenministerium und Reichswirtschaftsministerium

Reichsministerium für Volksaufklärung und Propaganda			Reichswirtschaftsministerium	
Reichskulturkammer	Werberat der deutschen Wirtschaft		Reichswirtschaftskammer	
RPK RPK RdbK	Reichsausschuß für volkswirtschaftliche Aufklärung GmbH		Reichsgruppe Industrie	Reichsgruppe Handel
Fachgruppe Gebrauchsgraphiker	Reichsfachschaft Deutscher Werbefachleute NSDRW e.V.		Wirtschaftsgruppe Druck	
Reichsverband der deutschen Zeitungsverleger e.V.	Reichsverband der deutschen Werbungsmittler e.V.		Fachgruppe Außenwerbung	
Reichsverband der deutschen Zeitschriften Verleger e.V.	Verband Deutscher Verkehrs-Reklame-Unternehmungen e.V.		Fachgruppe Anzeigenvertreter	
Reichsverband der Deutschen Lesezirkelbesitzer e.V.	Reichsverband des Adreß- und Anzeigenbuch-Verlagsgewerbes		Fachgruppe Werbeartikel	
Fachschaft der Verlagsangestellten				
Fachgruppe Kultur und Werbefilm	Reichsverband der Werbungtreibenden e.V.			
Fachgruppe Filmtheater	Reichsverband der Unternehmer für Lichtwerbung e.V.		Markenschutzverband e.V.	

Quelle: Wirtschaftswerbung, 1943, Heft 9/10, S. 127

Reichsausschuß für Volkswirtschaftliche Aufklärung GmbH
Geschäftsführer bis November 1940 Dr. Paul Schleich.

Der Reichsausschuß war der organisatorische Ausdruck der Aufgabenstellung des Werberates, die »... volkswirtschaftliche Aufklärung als öffentliche Werbung, als Inhalt der Einzel- und Gemeinschaftswerbung« zu betreiben. »Die Gemeinschaftsarbeit zwischen privater Wirtschaft und öffentlicher Aufklärung ist besonders bei den Aktionen über richtiges Waschen und über den sparsamen Verbrauch von Brennstoffen ... zu Tage getreten.«

Dem Reichsausschuß standen »... alle Propagandamittel zur Verfügung, ... über die einzelne Wirtschaftskreise nur schwer ... verfügen konnten.«

Der Reichsausschuß unterstand in seiner Arbeit und Organisation direkt dem Werberat.

Beratungsstelle für Wirtschaftswerbung
Organisatorisch dem Werberat unterstellt. Die Beratungsstelle diente der konkreten Durchsetzung der einzelnen Bestimmungen des Werberates bei den nachfragenden Werbungstreibenden.

Beratungsstelle für Wirtschaftswerbung kriegswichtiger Betriebe
Organisatorisch dem Werberat unterstellt. Sollte den »... werbungstreibenden Firmen beratend bei der Gestaltung ihrer kriegswichtigen Werbung zur Verfügung stehen.« Diese Institution wurde Anfang 1940 durch den Werberat eingerichtet und diente hauptsächlich der Förderung der Exportwerbung.

Reichsfachschaft deutscher Werbefachleute – NSRDW e.V.
Der NSDRW, gegründet im November 1933, unterstand der Dienstaufsicht des Werberates. Der Reichsfachschaftsleiter des NSRDW wurde auf Vorschlag des Werberates und des Reichspropagandaministeriums eingesetzt. Der »engere Führerrat« des NSRDW bestand aus fünf bis sieben Mitgliedern, auf gleichem Wege ernannt. Der »Präsidialrat« des NSRDW, beratende Funktion, rekrutierte sich aus vom Reichsfachschaftsleiter und dem Werberatspräsidenten empfohlenen Personen. Die Reichsfachschaft deutscher Werbefachleute war mit ca. 18.500 Mitgliedern die größte Organisation, die dem Werberat unterstand.

Die Organisationsgliederung unterteilte sich in: »1. örtlich in Gaue, Ortschaften und Stützpunkte; 2. fachlich in Fachgruppen und Sparten.«

Eine Zwangsmitgliedschaft aller mit Werbung Beschäftigten, außer den Reichskulturmitgliedern, ergab sich aus der satzungsgemäß festgelegten Tatsache, daß nur Mitglieder des NSRDW gewerbsmäßig als Selbständige oder Angestellte »... andere bei der Werbung beraten, oder für andere die Werbung gestalten ...« durften. Diese Mitgliederregelung traf auch im Fall der Eigenwerbung zu. Ein Ausschluß jüdischer Werbungstreibender aus dem NSRDW wurde erst durch den Werberat am 30. Dezember 1935 durchgesetzt (Reichsanzeiger 1/36), indem nur »deutschblütige Aufnahme« in der Reichsfachschaft finden konnten.

Die Unterteilung der vom NSRDW erfaßten Berufsgruppen gliederte sich wie folgt: »1. Betriebswerber (Werbeberater, Verkaufs- und Vertriebsorganisation, Werbeschriftsteller, Werbetexter, Werbeleiter, Werbeassistenten, Industriepropagandisten); 2. Gebrauchswerber (Ausstellungs-, Messe- und Schaufenstergestaltung, Plakat- und Reklamemaler für Ausstellungen, Messen und Schaufenster, Kinoreklamemaler); 3. Verkehrswerber (Direktoren, Geschäftsführer und sonstige leitende Angestellte von Werbestellen der Verkehrsunternehmen, Bädern und Kurorten, Landesverkehrsverbänden, Gebietsausschüssen, Verkehrsarbeitsgemeinschaften, Verkehrsvereinen, Verkehrsbüros, Verkehrsämtern, gemeindlichen Werbeämtern, soweit diese Unternehmungen, Stellen und Ämter unmittelbar oder mittelbar dem Reichsausschuß für Fremdenverkehr unterstehen, sowie von Reisebüros).«

Arbeitsgemeinschaft für innerbetriebliche Werbung
Diese Organisation gehörte zum NSRDW und war für die konkrete Umsetzung der »Volksaufklärung« in den Betrieben zuständig. Zum Tätigkeitsbereich der Arbeitsgemeinschaft gehörte u.a. die Herstellung und Verbreitung von Be-

triebszeitungen. Ebenfalls z.B. die Kampagnenplanung zur Effektivierung des »innerbetrieblichen Vorschlagswesens« in den Großbetrieben.

Arbeitsgemeinschaft für Auslandswerbung
Gehörte organisatorisch zum NSRDW. Hauptsächliches Betätigungsfeld in der Printwerbung für wichtige deutsche Industrieprodukte (Absatzförderung für den Export), aber auch in der Planung und Durchführung von Imagekampagnen zur Hebung des angeschlagenen deutschen Ansehens im Ausland.

Werbefachliche Lehranstalt im NSRDW
Organisatorisch dem Werberat angegliedert. Veranstaltete in unregelmäßigen Abständen »Fortbildungsveranstaltungen« für Werbefachleute zur Ausrichtung auf die Umsetzung der Bestimmungen des Werberates.

Werbefachschule der Reichshauptstadt Berlin
1936 durch den Werberat und den NSRDW gegründet. Ausbildung zum »Gebrauchs- und Betriebswerber«. Abschluß: Diplom.

Reichsverband der deutschen Werbungsmittler e.V.
Die vollständige »Aufsicht über Werbungsmittler« erfolgte durch den Werberat am 7. Juni 1938. Werbungsmittler war, »... wer Werbern Werbeaufträge für andere im eigenen Namen und für eigene Rechnung erteilt.«
  Der Reichsverband verfügte über eine eigene Satzung und war in seinem Wirkungskreis durch die 2. Bekanntmachung des Werberates vom 1. November 1933 erfaßt. Werbungsmittler durfte nur sein – oder auch nicht –, wer vom Werberat die Genehmigung dazu erteilt bekam.

Verband deutscher Verkehrsreklame-Unternehmungen e.V.
Dieser Verband, der schon vor 1933 bestand, wurde mit der 25. Bekanntmachung dem Werberat unterstellt.

Reichsverband des Adress- und Anzeigenbuch-Verlagsgewerbes
Unterstand durch die 2. Bekanntmachung des Werberates (Ziff. 9a) vom 1. November 1933 dem Werberat. Danach mußte jegliche Werbung in Anschriftenbüchern aller Art beim Werberat genehmigt werden.

Reichsverband der Unternehmer für Wirtschaftswerbung durch Lichtbilder und Filme in Lichtspieltheatern
Dieser Zusammenschluß unterstand in fachlicher Sicht dem Werberat. In erster Linie aber unterstand er den entsprechenden Abteilungen der Reichskulturkammer.

Reichsverband der Werbungstreibenden
Freiwilliger Zusammenschluß verschiedener werbungstreibender Firmen ohne weitere Bedeutung. Hielt enge Verbindung zum Werberat, war aber organisatorisch nicht an ihn gebunden.

Reichskuratorium für Technik und Landwirtschaft (RKTL)
Der Werberat unterstützte materiell und organisatorisch das RKTL, keine direkte Bindung an ihn. Aufgabe: Rationalisierung der bäuerlichen Wirtschaft mit dem Ziel der Erhöhung der Produktion landwirtschaftlicher Produkte zur Sicherung der Ernährung des im Krieg befindlichen Deutschland. Das RKTL wurde besonders in den von deutschen Truppen besetzten Gebieten tätig.

Reichsausschuß für die Übersetzung deutscher Normen- und Lieferbedingungen (AFÜ)
Enge Zusammenarbeit mit dem Wirtschaftsrat seit Kriegsbeginn. Aufgabengebiete: Vorbereitung der deutschen Exportländer auf die deutschen Lieferbedingungen und Industrienormen. Der Reichsausschuß spielte im ersten Kriegsjahr eine besondere Rolle, indem er versuchte, die Industrienormen in den von Deutschen besetzten Ländern in Europa zu vereinheitlichen. Eine enge Koope-

ration zwischen Werberat und AFÜ gab es in den Ländern: Brasilien, Chile, Uruguay. Schwerpunkte dabei waren Artikel aus den Bereichen Elektrotechnik, Maschinenbau, Werkstoffe, Rohrleitungen, Kesselbau. Der Werberat übernahm die technische Werbung für deutsche Exportartikel im Ausland.

Fachgruppe Gebrauchgraphiker
Organisatorisch erfaßt als Einzelkammer in der Reichskulturkammer der bildenden Künste. Da die Gebrauchsgraphiker entscheidenden Anteil an der Gestaltung der Werbung aller Art hatten, hielten der Werberat und der NSRDW engste Verbindung mit dieser Kammer, konnten sie aber nur mittelbar beeinflussen.

Reichsverband der deutschen Zeitungsverleger e.V.
Unterstand der Reichspressekammer. Mittelbarer Einfluß durch den Werberat. Neben der Pressearbeit im nachrichtlichen Sinne unterstand der Reichsverband auch den Bekanntmachungen des Werberates zur Anzeigenwerbung überhaupt. Die »Gleichschaltung« der Presse und die Entlassung mißliebiger Redakteure betrieb der NS-Staat schon im März 1933. Der Vorsitzende des Reichsverbandes Erich Greiffenhagen, emigrierte 1933 wegen der antisemitischen Angriffe auf ihn.

Reichsverband der deutschen Zeitschriften-Verleger e.V.
Unterstand der Reichspressekammer und mußte sich an die Bekanntmachungen des Werberates halten.

Reichsverband der deutschen Lesezirkelbesitzer e.V.
Unterstand der Reichspressekammer und dem Werberat mit der 20. Bekanntmachung vom 13. Februar 1937, in der ein »Genehmigungsverfahren für die Lesezirkel-Werbung« beschrieben wurde.

Fachschaft der Verlagsangestellten
Unterstand der Reichspressekammer und in zweiter Linie den Weisungen des NSRDW.

Fachgruppe Kultur- und Werbefilm
Organisatorisch als Einzelkammer in der Reichskulturkammer erfaßt. Der Werberat nahm Einfluß auf Zeit, Ort und Inhalt der hier hergestellten Werbefilme.

Fachgruppe Filmtheater
Einzelkammer in der Reichskulturkammer. Einfluß des Werberates über seine Zuständigkeit für die Werbefilme.

Reichsverband der Unternehmer für Lichtwerbung e.V.
Unterstand direkt dem Werberat.

Dem Wirkungsbereich der Reichswirtschaftskammer, die dem Reichswirtschaftsministerium unterstand, sind zuzuordnen: Reichsgruppe Industrie; Reichsgruppe Handel; Wirtschaftsgruppe Druck; Fachgruppe Außenwerbung; Fachgruppe Anzeigenvertreter; Fachuntergruppe Werbeartikel. Die vier zuletzt genannten standen – soweit sie mit Werbung in Berührung kamen – unter den vom Werberat erlassenen Bekanntmachungen und Vorschriften.

Gesellschaft für Konsumforschung (GfK), Nürnberg-Berlin e.V.
Gegründet wurde die GfK im April 1934 und gab seit April 1936 die Publikation »Mitteilungsblätter der GfK« heraus.
    Mitglieder der GfK: Dr. Georg Bergeler; Dr. Egon Pawlitzek; Dr. Erich Schäfer; Prof. Dr. Wilhelm Vershofen; Prof. Dr. Hans Proesler.
    Aufgabenstellung: »Mit wissenschaftlich begründeten Methoden ... untersucht die GfK die Haltung der Verbraucher zu den ... Fertigwaren ...« und untersucht »... die Bedarfsgestaltung, die Formen der Bedarfsdeckung und die Art und Weise der Warenverwendung – kurz: die qualitative Beschaffenheit des Konsums.«

Zwischen 1934 und 1938 führte das GfK folgende Erhebungen – mit Unterstützung des Werberates – durch: Die Bekanntheit von Warenzeichen / Die Bekanntheit von Seifen / Der Verbraucher und die Textilmarke / Körperpflege und Seifenverbrauch in Deutschland / Die Frau und der kunstseidene Damenstrumpf / Taschenuhr und Hausuhr im deutschen Vergleich / Struktur des Getränkeverbrauchs in Deutschland / Geschirrporzellan in Deutschland / Patient und Arzneimittel / Motoröle und Treibstoffe im Urteil des Kraftfahrers / Der Kraftfahrer beurteilt die Straßenkarten von Treibstoffirmen / Kunstseide im Urteil des Verbrauchers / Die Beurteilung Illustrierter Zeitschriften durch den Leser / Die Wirksamkeit der Verkehrsmittelwerbung / Wandlungen auf dem Gebiet des Spritverbrauchs / Der Mann und das kunstseidene Hemd / Die Marktlage für Kopierstifte / Die Wertschätzung der Automarke durch den Käufer / Die Bekanntheit von Markennamen in der kosmetischen Industrie.

Zusammenfassung

Die hier angeführten 32 Organisationen, die im engeren oder weiteren Sinn mit der Werbung allgemein oder sehr direkt zu tun hatten, geben den Stand und die Rolle, die der Nationalsozialismus der Werbung einräumte, beeindruckend wieder. 21 der genannten Organisationen sind erst nach 1933 gegründet worden. Der von den Nationalsozialisten damit ausschließlich verfolgte Zweck war die lückenlose Erfassung des gesamten Berufsstandes, ihn damit auch erst zu einem zu machen, und die Indienststellung der Werbung in ihrem umfassenden Aufgabengebiet für den NS-Staat.

Der Werberat der deutschen Wirtschaft erfüllte diesen Zweck als willfähriges Instrument in der Hand des Reichsministeriums für Volksaufklärung und Propaganda. Die Vielschichtigkeit der in fast alle Bereich der Gesellschaft eingedrungenen Organisationen ließ keinen Bereich aus. Die Volksgenossen sollten »erfaßt« und so lange »bearbeitet« werden, »bis sie uns verfallen sind«. Die Deutschen – so wollte es Goebbels – »einmal in Reih und Glied, 30 Millionen Trottel«.

CHRONOLOGIE DER BEKANNTMACHUNGEN DES WERBERATES DER DEUTSCHEN WIRTSCHAFT

1. Bekanntmachung am 1. November 1933
Satzung des Werberates der deutschen Wirtschaft.

2. Bekanntmachung am 1. November 1933
Begriffsbestimmungen, Richtlinien nach denen Wirtschaftswerbung gestaltet und ausgeführt werden soll, Genehmigung, Zulassung, Grundsätze für die Erteilung der Einzelgenehmigung zur Wirtschaftswerbung und die Einzelzulassung von Werbungsmittlern, Verfahren bei Einzelgenehmigungen und -zulassungen, Werbeabgabe, Übergangsbestimmungen, Inkrafttreten.

3. Bekanntmachung am 21. November 1933
Betrifft Bedingungen für die Genehmigung der Wirtschaftswerbung durch Anzeigen in Druckschriften, mit Ausnahme von Adreßbüchern. Normung, Anzeigenpreisliste, Preistreue, Anzeigenvermittlung, Anzeigenpacht, Allgemeine Geschäftsbedingungen im Anzeigenwesen, Auflagenangabe, Anzeigenleiter, Umgehungsverbot, Überleitung, Inkrafttreten.

4. Bekanntmachung am 21. November 1933
Betrifft Genehmigung zur Wirtschaftswerbung durch Werbeberatung.

5. Bekanntmachung am 7. Dezember 1933
Ergänzung zur 3. Bekanntmachung. Aufschläge, ermäßigte Grundpreise, Nachlässe.

6. Bekanntmachung am 21. März 1934
Betrifft weitere Bedingungen für die Genehmigung zur Wirtschaftswerbung durch Messen und Ausstellungen.

7. Bekanntmachung am 21. März 1934
Ausführungen zu den Richtlinien der Ziffer 6 der 2. Bekanntmachung des Werberates vom 1. November 1933.

8. Bekanntmachung am 21. März 1934
Ergänzung zur Satzung des Werberates der deutschen Wirtschaft.

9. Bekanntmachung am 1. Juli 1934
Weitere Bestimmungen und Bedingungen zur Wirtschaftswerbung durch Außenanschlag.

10. Bekanntmachung am 20. Oktober 1934
Ergänzungen zur 2. Bekanntmachung vom 1. November 1933.

11. Bekanntmachung am 20. Oktober 1934
Bezieht sich auf eine Neufassung der Ziffer 73 in der 9. Bekanntmachung vom 1. Juli 1934.

12. Bekanntmachung am 30. März 1935
Bezieht sich auf die 9. Bekanntmachung, dort auf Ziffer 86, Abs. 5. Festsetzung des Zeitpunktes für nicht mehr zulässige Daueranschläge, sowie auf das Saarland.

13. Bekanntmachung am 16. April 1935
Bezieht sich auf die 3. Bekanntmachung vom 21. November 1933.

14. Bekanntmachung am 28. September 1935
Bezieht sich auf die 2. Bekanntmachung vom 1. November 1933.

15. Bekanntmachung am 30. Dezember 1935
Ergänzung der Ziffern 1, 7 und 10 der 2. Bekanntmachung vom 1. November 1933. Der Werberat der deutschen Wirtschaft unterstellt die Reichsfachschaft deutscher Werbefachleute – NSRDW e.V. – seiner Aufsicht in organisatorischer und inhaltlicher Hinsicht.

16. Bekanntmachung am 18. April 1936
Bezieht sich auf die 2. Bekanntmachung vom 1. November 1933. Genehmigungsverpflichtung zur Durchführung von Modenschauen, Abgabeverpflichtung an den Werberat der deutschen Wirtschaft.

17. Bekanntmachung am 5. Mai 1936
Bezieht sich auf die 2. Bekanntmachung vom 1. November 1933 und zur Ergänzung der 7. Bekanntmachung vom 21. März 1934. Werbung für Heilmittel.

18. Bekanntmachung am 9. Juli 1936
In Ergänzung zur 2. und 3. Bekanntmachung. Das Austragen von Werbeschriften wird der Einzelgenehmigung des Werberates der deutschen Wirtschaft unterstellt.

19. Bekanntmachung am 20. Oktober 1936
Bezieht sich auf die 6. Bekanntmachung vom 21. März 1934, Abs. 3. Nur mit Genehmigung des Werberates darf der Begriff »Messe« für Veranstaltungen gebraucht werden.

20. Bekanntmachung am 5. Februar 1937
In Ergänzung und Abänderung zur 2. Bekanntmachung vom 1. November 1933. Normung, Preisbindung und Genehmigungsverfahren für die Lesezirkel-Werbung.

21. Bekanntmachung am 13. Februar 1937
Bezieht sich auf die 15. Bekanntmachung vom 30. Dezember 1935. Der Ausschluß von Mitgliedern aus dem NSRDW kann allein durch Bekanntmachung in der Presse vollzogen werden. Verstöße »gegen die Berufsehre« werden vom Ehrenrat des Werberates geahndet.

22. Bekanntmachung am 13. April 1937
Anschriftenbuch-Bekanntmachung. Der Werberat übernimmt die Aufsicht über den Reichsverband des Adress- und Anzeigenbuchverlagsgewerbes, zieht das Genehmigungsverfahren mit den »Richtlinien für die Gestaltung des Anschriftenbuches« an sich.

23. Bekanntmachung am 10. Januar 1938
Genehmigungspflicht durch den Werberat für die deutsche Beteiligung an ausländischen Messen, Ausstellungen und Schauen.

24. Bekanntmachung am 7. Juni 1938
Der dem Werberat unterstellte NSRDW wird auf die »deutschblütige Abstammung« seiner Werbungsmittler verpflichtet.

25. Bekanntmachung am 9. Juni 1938
Regelung des Außen- und Innenanschlages an und in öffentlichen und privaten Verkehrsmitteln. Umfang und Ausführung dieser Werbung unterliegt dem Werberat und dem Reichs- und Preußischen Verkehrsminister.

26. Bekanntmachung am 1. August 1938
Bezieht sich auf die 6. Bekanntmachung vom 21. März 1934, Ziffer 3, Abs. 2. Erteilung der Genehmigung die »Bezeichnung Messe zu führen an die Leipziger Frühjahrsmesse, Leipziger Herbstmesse, als Waren- und Mustermessen«.

BESTIMMUNGEN UND VERORDNUNGEN DIE WIRTSCHAFTSWERBUNG BETREFFEND (CHRONOLOGISCH)

Bestimmung vom 28. Juni 1934
Über den Gebrauch der olympischen Ringe in der Werbung. Erlassen durch den Werberat der deutschen Wirtschaft.

Verordnung über Werbebeschränkungen vom 19. Juni 1935
Erlassen durch den Reichskommissar für Preisüberwachung, Dr. Goerdeler.

Verordnung vom 7. August 1935
Bezieht sich auf den Lautsprecherbetrieb in der Wirtschaftswerbung. Genehmigungsverpflichtung durch die lokalen Polizeibehörden in der Ausführung von § 33 der Reichsstraßenverkehrsordnung. Erlassen durch den Reichsverkehrsminister.

Polizeiverordnung vom 5. Mai 1936
Bezieht sich auf die Heilmittelwerbung. Erlassen durch den Reichsminister des Inneren.

Bestimmung vom 15. Februar 1937
Bezieht sich auf »die Werbung auf dem Gebiete der Elektrizität, des Gases sowie der Brenn- und Kraftstoffe aller Art.« Erlassen vom Werberat.

Richtlinienerlaß vom 3. Juli 1937
Bezieht sich auf den IV. Internationalen Kongreß der Handelskammern am 3. Juli 1937 in Berlin und auf die dort aufgestellten Richtlinien. Erlassen durch den Werberat.

Bestimmung vom 10. Januar 1938
Bestimmung des Werberates zur »Befriedung der Werbung im Versicherungswesen«. Verbot gegen die Versicherungsunternehmen, ihre Werbung als gemeinnützig zu bezeichnen.

Bestimmung vom 26. Mai 1941
Der Werberat verodnet »vorübergehende Maßnahmen zur Papiererparnis«.

Verordnung vom 20. August 1941
Die Reichspressekammer legt die Höchstgrößen von Anzeigen fest.

Bestimmung vom 25. April 1942
Über die »vorübergehende Beschränkung« der Heilmittelwerbung.

Bestimmung vom 6. Juni 1942
»Für Bromverbindungen kann, soweit es sich um Badezusätze« handelt, ... beschränkt »geworben werden«. Erlaß des Werberates.

Bestimmung vom 1. Juli 1942
Weitere Einschränkung in der Anzeigenveröffentlichung. Erlaß durch die Reichspressekammer.

Bestimmung vom 30. Oktober 1942
»Bestimmung über die vorübergehende Beschränkung der Werbung für Waren«. Die sogenannte »Anpassungsbestimmung«. Erlassen durch den Werberat.

Verordnung vom 30. November 1942
Neuregelung des Ausstellungswesens in Holland. Unterordnung des selben unter die Bestimmungen des Werberates der deutschen Wirtschaft. Erlassen durch den Werberat.

Bestimmung vom 22. Januar 1943
Über die einzuschränkende Vorführung älterer Werbefilme. Betrifft besonders die vor dem Krieg hergestellten Filme. Erlassen durch den Werberat.

Verordnung vom 1. März 1943
Es dürfen nur noch die Werbefilme gezeigt werden, die von der Filmprüfstelle zugelassen wurden. (Bezieht sich auf jene Werbefilme, die zwischen 1938 und 1940 hergestellt wurden.) Erlassen durch den Werberat.

Bestimmung vom 30. Mai 1943
Verbot der Verteilung und Aussendung von Werbedrucksachen ohne Aufforderung. Erlassen durch den Werberat.

Bestimmung vom 6. April 1943
»Werber dürfen nur noch Aufträge annehmen bei 1. erfüllbaren Angeboten in der Reihe ihrer Kriegswichtigkeit; 2. anerkannten Werbeaktionen privater Werbungstreibender mit staatspolitisch oder volkswirtschaftlichem Inhalt.« Erlassen durch den Werberat.

HEINRICH HUNKE, PRÄSIDENT DES WERBERATES
HINWEISE ZUR »KRIEGSDIENENDEN WERBUNG«

»Darüber hinaus möchte ich werblich besonders aufgeschlossenen und befähigten Firmen noch weitere Möglichkeiten eröffnen, ihre Werbung farbiger zu gestalten und sie zugleich in den Dienst des allgemeinen Nutzens zu stellen.

Diese Firmen werden berechtigt, ihre Werbung für Mangelwaren an Stelle oder zusätzlich zu der Aufklärung über zweckmäßige Verwendung oder sparsamen Ge- oder Verbrauch der Ware mit zunächst folgenden Themen des öffentlichen Interesses zu verbinden:

1. Ratschlage zur zweckmäßigen Verwendung alter Bestände, z.B. zur Ausführung der Parole 'Aus alt mach' neu!' Hinweise, wozu man alten Kram verwenden und wie man ihn verwenden kann; Fälle, in denen man sich mit dem oder jenem helfen kann.
2. Sammlung von Altmaterial. Hinweis, daß gesammelt werden muß, was gesammelt wird, wie man am praktischsten sammelt und aufbewahrt. Rückgabe von Leerpackungen.
3. Ernährungssicherung. 'Kampf dem Verderb' von Nahrungsmitteln. Alle Nahrungswerte erhalten (Richtig kochen, richtig einmachen). Alle Nahrungsgüter der Natur ausnutzen (Sammlung wildwachsender Nahrungsmittel). Ausnutzung von Ziergärten für die Ernährung.
4. Schadensverhütung. Aufklärung, daß jeder Schaden nicht nur einen einzelnen trifft, sondern auch das Volksvermögen, und daß daher jedem die Schadensverhütung angelegen sein muß. Wie sind Schäden zu verhüten? Welche Gefahren sind besonders groß; welche besonders leicht vermeidbar? Schützt den Wald! Vorsicht mit Feuer! Vorsicht im Verkehr, besonders bei Verdunkelung! Verhütet Unfälle!
5. Luftschutzmaßnahmen. Aufklärung über luftschutzmäßige Haltung und Verhalten, Sachsicherung durch anderweitige Unterbringung, Entrümpelung, rechtzeitige Bereitstellung von Löschgerät, Aufsuchen des Luftschutzraumes und rechtzeitige gute Verdunkelung muß zur Selbstverständlichkeit werden. Luftschutz auch auf dem flachen Lande.
6. Gesunderhaltung ist Pflicht. Im totalen Krieg ist Krankheit keine Privatsache. Sie raubt der Allgemeinheit die Arbeitskraft des Kranken und kostet überdies Arbeitskraft zu seiner Wiederherstellung. Gefährdet Eure Gesundheit nicht fahrlässig! »Lebt gesund und ernährt Euch richtig.« »Vollkornbrot ist besser und gesünder!«
7. Alle Kräfte für den Sieg! Totaler Arbeitseinsatz: Auch die Sprache der Werbung soll die selbstverständliche Pflicht aller erkennen lassen, nach ihren Kräften zum Siege beizutragen. Arbeitseinsatz der Frauen, Frauen im Arbeitskleid und in Uniform zeigen.
9. Pflicht zur Höflichkeit und Hilfsbereitschaft. Heute mehr denn je. Die besonders Verpflichteten (z.B. Jugend), die besonders Berechtigten (Schwerkriegsbeschädigte, Frauen, insbesondere werdende Mütter, alte und gebrechliche Menschen).
10. Geldsparen. Ehrung des Pfennigs.
11. Neue Werkstoffe sind kein »Ersatz«
12. Verpackung sparen.

Bei dem Einbau dieser Themen in die private Wirtschaftswerbung ist folgendes zu beachten:
a) Die Werbung darf nicht in einen »wirtschaftlichen Teil« und in eine »Propagandateil« zerfallen; Wirtschaftswerbung und Thema müssen vielmehr zu einer Einheit verschmolzen werden. Die Werbung darf ihren privatwirtschaftlichen Charakter nicht verlieren und zur Propaganda werden.
b) Wie das Thema eingebaut wird, bleibt der Geschicklichkeit und dem Takte des einzelnen überlassen. Man kann das Thema nur beiläufig anklingen lassen – als Nebensatz, in Klammern oder in Gedankenstrichen –, man kann es als Blickfang benutzen, man kann die ganze Werbung aus dem Thema heraus gestalten. Wichtig ist nur, daß das Thema zwanglos auftritt und nicht krampfhaft mit der Werbung gekoppelt ist. Für die eine Ware

wird sich mehr das eine, für eine andere mehr ein anderes Thema natürlich ergeben.

c) Was zu dem einzelnen Thema gesagt wird, steht dem Werbegestalter ebenfalls frei. Es kann z.B. die einzelne Parole als solche benutzt und dadurch zu ihrer Verbreitung beigetragen werden; es können aber auch − und das erscheint grundsätzlich als der glückliche Weg − Ratschläge abgegeben werden, wie im einzelnen die bekannten Parolen am besten befolgt werden können. Zu vermeiden sind nur allzu banale Ratschläge, die den Leser verärgern statt ihm etwas zu geben.

d) Unter allen Umständen muß vermieden werden, Ärgernis dadurch zu erregen, daß das Thema des gemeinen Nutzens in taktloser Weise unmittelbar in den Dienst der Warenanpreisung gestellt wird.

e) Wenn auf diesem Wege für Mangelwaren − außer für verknappte Heilmittel − geworben werden darf, auch ohne einen Ratschlag über den sparsamen Gebrauch oder die zweckmäßige Verwendung der Ware zu geben, so darf die Werbung doch auch weiterhin
   1. keinesfalls zum Kaufe der Mangelware anreizen,
   2. keinen falschen Eindruck über die tatsächlichen Liefermöglichkeiten erwecken.

f) Der Einbau der Themen ist natürlich auch bei Werbungen zulässig und erwünscht, die sich nicht auf Mangelwaren beziehen, insbesondere bei reiner Firmen- und Markenwerbung, die auf die Dauer in ihrer gegenwärtigen Form ohnehin nicht wird beibehalten werden können.
Ich möchte auch Ihnen Gelegenheit geben, Ihre Werbung in dem angeführten Sinne zu bereichern und dabei für die allgemeinen Belange nutzbringend zu gestalten. Ich hoffe, daß Sie von dieser Möglichkeit weitgehenden Gebrauch machen werden. Unter den zahlreichen Themen werden gewiß eines oder mehrere sein, die sich zwanglos in Ihre Werbung einfügen lassen.

Da es sich aber um einen Versuch handelt, der auch gewisse offenkundige Gefahren in sich birgt, und da insbesondere die einzelnen Themen gelegentlicher Abwandlung bedürfen, bitte ich Sie, Werbeentwürfe, die von der hier gebotenen Möglichkeit Gebrauch machen, jeweils zunächst mit der Beratungsstelle für Wirtschaftswerbung beim Werberate, Berlin W 8, Friedrichstraße 194, abzustimmen.

Diese Beratungsstelle hat ständige Fühlung mit den in Betracht kommenden Dienststellen und Organisationen und wird, wenn zu den mitgeteilten Entwürfen noch etwas zu bemerken ist, − ohne einen Werbeberater ersetzen zu wollen − ihrerseits Vorschläge machen.

Im übrigen behalte ich mir vor, die hier gegebenen Themen späterhin noch zu ergänzen und auch weitere Wege zu entwickeln, um die Werbung im Kriege aus dem ihr drohenden inhaltlichen Verfall herauszuführen.

Heil Hitler! gez. Hunke«

WÜNDRICH-MEISSEN:
DIE EINSCHALTUNG DER AMERIKANISCHEN
WERBEFACHLEUTE IN DIE KRIEGSPROPAGANDA

Nach den amerikanischen Werbefachzeitschriften plant die amerikanische Regierung einen großen nationalen Werbefeldzug − den größten in der Geschichte der amerikanischen Werbung. Das Ziel ist, jedem amerikanischen Bürger drei Sätze so einzuprägen, daß er sich nach ihnen richtet. Die Sätze lauten:
1. Stelle deine eigene Bequemlichkeit zurück vor dem Dienst an der Nation.
2. Prüfe jede Handlung, die du tust, daraufhin, ob sie den Krieg gewinnen hilft.
3. Überzeuge deine Mitwelt davon, daß dieser Krieg ein langer, harter und schwerer Krieg wird, der nur gewonnen werden kann durch harte Arbeit und schwere Opfer.

In diesem Feldzug sollen die Werbefachleute in großem Umfang eingesetzt werden. Ihre vielseitigen Erfahrungen in der Bedarfsweckung und Verbrauchslenkung – wie in der psychologischen Beeinflußung der breiten Massen – sollen jetzt in vollem Umfang der Vorbereitung der Nation auf den totalen Krieg dienen. Es hätte keinen Zweck mehr – so sagt man – die bisherige Werbung weiterzuführen. Es sei unverantwortlich, den Verbrauchern heute in der Werbung das friedensmäßige Bild eines hohen Lebensstandards mit schönen Autos, Landhäusern, Golfspiel und Jachten vorzutäuschen in dem Augenblick, da Amerika in den schwersten Krieg seiner Geschichte gehe. Was durch Generationen hindurch den hohen amerikanischen Lebensstandard ausgemacht habe, werde jetzt ohnehin längere Zeit verschwinden. Es werde eine Zeit kommen, in der keines der tausend schönen Dinge mehr produziert würde, die das Leben bisher angenehm gemacht hätten. Und die überragenden Leistungen der amerikanischen Konsumgüterindustrien würde die Welt schon in ein paar Jahren vergessen haben. Auf lange Zeit würde es sich um nichts anderes als bloß darum handeln, Waffen, Munition und Schiffe zu erzeugen. Diese Umstellung würde das Leben härter und schwerer machen. Die Kriegsproduktion würde eine längere Arbeitszeit bringen. Die Frauen würden aus der Familie gerissen und in die Fabriken gestellt. Mann wie Frau würden lange arbeiten müssen und wenig Entspannung haben – und die Kinder würden vielleicht verwahrlosen, während die Eltern arbeiten. (In »Gottes eigenem Land« gibt es also nichts, was unserer Betreuung durch Partei, DAF und NS?, nichts, was der in der deutschen Volksgemeinschaft selbstverständlichen Nachbarschaftshilfe gleichgesetzt werden könnte!)

Unter diesen Umständen hätte sich die ganze Werbung sofort und total umzustellen. Die Regierung würde die ersten großen Werbefeldzüge zur Aufklärung der Nation starten. Die Werbefachleute, die bisher ihre Aufgabe darin gesehen hätten, die Nation zu einem hohen Lebensstandard zu führen, sollten jetzt darüber aufklären, was jeder einzelne zu tun habe, um den Krieg gewinnen zu helfen. Es werden einige bekannte Werbefachleute und Agency-Männer genannt, die ihre Büros bereits geschlossen hätten und nur noch für die Regierung arbeiteten.

Nach den großen nationalen Werbefeldzügen der Regierung würden dann auch alle Industrien und großen Organisationen mit eigenen Aufklärungsaktionen über den Krieg beginnen.

Das »Amt für Kriegsinformation« hat verschiedene Broschüren für die Werbefachleute herausgegeben – zur Instruktion über die großen Richtlinien in den Aufklärungsaktionen. Unter anderem wird in diesen Heftchen erklärt, wie man einer negativen Kritik der Regierungsmaßnahmen entgegenarbeitet. Das Frage- und Antwort-Spiel wird dabei häufig angewendet. Auch die Heftchen für innerbetriebliche Werbung interessieren uns hier. Sie beschäftigen sich mit dem »Führertraining«, mit Vorschlägen zur Aufrechterhaltung der Arbeitsmoral, mit der Bekämpfung der negativen Einstellung von Angestellten und Arbeitern in der Rüstungsproduktion. Das Ziel ist, das Verantwortungsbewußtsein des Arbeiters zu stärken und seine Freude an der Arbeit zu wecken.

Die amtlichen Stellen nennen auch noch einige weitere Aufgaben, die den Werbefachleuten gestellt werden, so zum Beispiel:

1. Rücksichtloser Kampf gegen Hamsterkäufe – ganz gleich, ob sie von Verbrauchern oder Unternehmungen ausgehen. (»Zeige die Gefahren auf, die uns drohen, wenn die normale Verteilung auf diese Weise versagt.«)
2. Sage den Verbrauchern, daß man sparsam mit allen Sachen umgehen muß und daß es wichtig ist, gebrauchte Sachen nicht wegzuwerfen. Kläre darüber auf, wie gebrauchte Sachen weiter verwertet werden und wie du damit den Krieg gewinnen hilfst.
3. Berate Industrie und Verbraucher im Kampf gegen die Verschwendung – studiere selber alle Möglichkeiten dazu und reiche deine Vorschläge ein.

Besonders wird der Einsatz der Werbefachleute im Kampf gegen die Hamsterei gefordert. Die Frauen hätten in allen Teilen des Landes schon bei den ersten Kriegsgerüchten ein so schmutziges Bild ihrer Eigennutzes entwickelt, daß hier werblich nachdrücklichst eingeschritten werden müsse. Alles irgendwie Erreichbare an Lebensmitteln und anderen oft nutzlosen Dingen sei gehamstert worden – mit anderen Worten: die innere Einstellung dieser Millionen von Frauen sei etwa die gewesen: so lange ich und meine Familie gut zu essen haben, können die anderen ruhig verhungern. Dieses Hamstern hätte für die gesamte Lebensmittelverteilung katastrophale Wirkung gehabt. Dies sei die Ursache gewesen, daß der Verband der Lebensmittelverteiler einen großen Werbefeldzug begonnen habe mit auffälligen Plakaten gegen das Hamstern und einer Aufklärung über die gerechte und gleichmäßige Verteilung der Lebensmittel. Den Verbrauchern seien alle Transportschwierigkeiten vor Augen geführt worden, die gerade in den Staaten bei den großen Entfernungen eine Rolle spielen. Die Frauen würden systematisch dazu erzogen, niemals mehr zu kaufen als sie jeweils brauchten.

Aber auch die Industrie hat sich schon in großem Maße auf die kriegswirtschaftliche Aufklärung der Verbraucher eingestellt. Der Einzelhandel unternimmt Gemeinschaftsaktionen, in denen die Verbraucher zur Schonung und zur sorgfältigeren Behandlung, richtigen Aufbewahrung und sparsamen Verwendung bestimmter Waren aufgefordert werden. Die Papierfabriken haben sich ebenfalls zusammengeschlossen. Sie werben für die Sammlung von Altpapier und für die Abgabe bei den Altmaterialhändlern. Die Ölgesellschaften haben ein gemeinsames Programm aufgestellt, nach dem das Publikum zur Mitarbeit bei den Ölsparmaßnahmen aufgefordert wird.

So vollzieht sich im ganzen eine gwaltige Umstellung der amerikanischen Werbung auf den Krieg, eine Umstellung der bisherigen Bedarfweckung auf die Aufklärung aller an der Heimatfront und in der Rüstungsindustrie Tätigen – mit dem Ziel, jeden einzelnen in die Kriegsanstrengungen einzuspannen.

Wird das aber gelingen? Die amerikanischen Werbefachleute mögen noch so tüchtig sein: wenn die politische Führung es nicht versteht, aus dem Herzen des Volkes heraus den Krieg als einen Existenzkampf jedes einzelnen empfinden zu lassen – so lange also nicht die große Flamme echter nationaler Begeisterung die breiten Massen mitreißt – so lange wird die Arbeit der Werbefachleute – so handwerklich gut und wertvoll sie auch im einzelnen ist – im Endeffekt ohne den großen nationalen Erfolg bleiben. In dieser Richtung werden in der amerikanischen Kriegspropaganda die allergrößten Probleme liegen: es fehlt vor allem ein klares Kriegsziel, das – wie bei uns der Kampf gegen Weltjudentum, Bolschewismus und Plutokratie – für jeden einzelnen lebens- und zukunftsentscheidend ist.

M.C. SCHREIBER
WERBUNG ALS KRIEGSBEITRAG

Es ist naheliegend und verständlich, daß alle Bemühungen um eine wirtschaftspolitisch wirksame Auslandswerbung auch auf die vom Werberat der deutschen Wirtschaft seit langem eingeleitete und geförderte Entwicklung immer stärkerer Formen einer wahrhaft kriegsdienenden Inlandswerbung nicht ohne Einfluß geblieben sind. Wer an der Neuformung der Wirtschaftswerbung im Auslande mitarbeitet, muß zwangsläufig zu zwei Erkenntnissen gelangen: Erstens gilt für die Inlandwerbung in gleicher Weise der Grundsatz, daß sie nicht mehr allein privatwirtschaftlichen Zwecken dienen darf, sondern nur noch als positiver Beitrag zu den Kriegsanstrengungen des hart kämpfenden deutschen Volkes eine Berechtigung hat. Zweitens sind die Gedanken, die in der neuen Auslandswerbung immer stärker Ausdruck finden, zum größten Teil ebenso für die Werbung in Deutschland geeignet. Denn es kann nicht ohne Wirkung bleiben, wenn auch in der Inlandswerbung die Gründe für unsere Siegeszuversicht dargelegt werden, wenn wir die Absichten unserer Wirtschaftsführung aufzeigen oder die weitgesteckten sozialen Ziele, um die heute gekämpft wird, bejahen, wie den Leistungswettbewerb, das Steben nach Erhöhung des allgemeinen Lebensstandards und alle übrigen Forderungen der nationalsozialistischen Lebens- und Wirtschaftsanschauung.

Der Begriff der kriegsdienendenn Werbung muß also viel weiter gefaßt werden, als es zunächst scheinen mochte. Er ist jedenfalls nicht etwa grundsätzlich auf solche Werbemaßnahmen beschränkt, die geeignet sind, die öffentliche Aufklärung über die kriegsnotwendige Beschränkung des Reiseverkehrs, über Sachwerterhaltung, Gesundheitspflege, Energiesparmaßnahmen, Unfallverhütung, Luftschutzbereitschaft usw. wirksam zu unterstützen, sondern der schöpferische Mittel und Wege findet, die Wirtschaftswerbung für die Erhöhung der Kriegsleistung ud die Stärkung der Haltung des deutschen Volkes in der großen Bewährungsprobe dieses Krieges wirksam einzusetzen.

Wollte man der kriegsdienenden Werbung allzu enge Grenzen ziehen, würde damit zugleich auch die Gefahr einer wirkungshemmenden Gleichförmigkeit entstehen, abgesehen davon, daß die Einschränkung der Themen erfahrungsgemäß dazu führt, daß oft krampfhafte Beziehungen zwischen einer Aufgabe der öffentlichen Aufklärung und einer Ware gesucht werden, die mit ihr in keinerlei Zusammenhang steht. Es ist ja nicht immer so wie im Falle der Feldmühlewerke, deren Erzeugnisse es z.B. gestatten, ihre Werbung in vollkommen natürlicher Weise und durchaus folgerichtig mit der Altstoffsammlung in Verbindung zu bringen, weil eben aus Altmaterial wieder neues und dazu noch hochwertiges Papier gewonnen werden kann. Das dankenswerte und vorbildliche Beispiel der Feldmühle-Anzeigen »Mach mit« läßt sich leider nicht verallgemeinern, und es widerspricht allen Erkenntnntnissen und Erfahrungen der Werbung, krampfhafte Versuche in dieser Richtung zu unternehmen, nur um den Anzeigen ein kriegsdienendes Gepräge zu geben. Die kriegsdienende Form darf also niemals nur Vorwand sein, sondern sie muß in der Ware, für die geworben werden soll, ihre innere Berechtigung finden. Deshalb gehört es zu den Aufgaben des Werbefachmannes, sowohl die tatsächlich gegebenen Möglichkeiten in dieser Richtung aufzuspüren als auch die Grenzen zu erkennen, die dieser Werbeform gesetzt sind.

Als Werbeaktionen mit staatspolitisch oder volkswirtschaftlich wichtigem Inhalt im Sinne der Bestimmung zur Lenkung des Einsatzes der Werbemittel können von der Beratungsstelle für Wirtschaftswerbung im Werberat der deutschen Wirtschaft daher auch solche Werbemaßnahmen anerkannt werden, die etwa in ähnlicher Weise wie die neue Auslandswerbung gestaltet und die vor allem geeignet sind, das Vertrauen in die deutsche Wehr- und Wirtschaftskraft zu stärken, das Verständnis für die allgemeinpolitischen und wirtschaftspolitischen Ziele des nationalsozialistischen Staates zu vertiefen oder in anderer Form einen wirksamen Beitrag zu unserer Kriegsführung zu leisten. Dem deutschen Werbefachmann steht also hier ein weites Arbeitsfeld offen, auf dem noch viele neue Leistungen einer im weitesten und besten Sinne kriegsdienenden Werbung erwartet werden können.

Quellen:

Heinrich Hunke in: Wirtschaftswerbung, Berlin 1943, Heft 8, Seite 109ff.
Wündrich-Meissen in: Wirtschaftswerbung, Berlin 1943, Heft 5, Seite 85.
M.S. Schreiber in: Wirtschaftswerbung, Berlin 1944, Heft 5, Seite 31.

ANMERKUNGEN

»Reklame — Der Schlüssel zum Wohlstand der Welt!«

1. Reklame, Propaganda, Werbung, ihre Weltorganisationen, S. 15, Berlin 1929
2. ebenda, S. 140
3. Habermas, Jürgen, Strukturwandel der Öffentlichkeit, S. 208, Neuwied 1962
4. ebenda, S. 209, Fußnote 2, Fußnote 3 weist auf W. Sombarts Schrift Der Bourgeois, aus der Habermas hier zitiert.
5. Reklame, Propaganda, Werbung, ihre Weltorganisationen, a.a.O., S. 140
6. ebenda
7. ebenda, S. 130
8. ebenda, S. 131
9. Mendessohn, Peter de, Zeitungsstadt Berlin, S. 233ff., Frankfurt/M., Berlin, Wien 1982
10. Reklame, Propaganda, Werbung, ihre Weltorganisationen, a.a.O., S. 11
11. ebenda, wie diese Schätzung errechnet wurde, ist nicht angegeben.
12. ebenda, S. 12
13. ebenda
14. ebenda, S. 87
15. ebenda, S. 54
16. ebenda, S. 89
17. ebenda, S. 12
18. ebenda, S. 12 ff.
19. ebenda, S. 16
20. ebenda
21. ebenda, S. 15
22. ebenda
23. Mittig, Hans-Ernst, S. 33
24. Goebbels, Joseph (Hrsg.), Moderne politische Propaganda, München 1930

Werbung im NS-Staat

1. Der Spiegel, 1987, Nr. 39, S. 112
2. Inszenierung der Macht, Ausstellungskatalog der NGBK-Berlin, Artikel von Gerd Selle, S. 276f., Berlin 1987
3. Mittig, H. E., S. 39
4. Goebbels, J., Moderne politische Propaganda, S. 17
5. Wündrich, Hermann, S. 2 und 10
6. Seidels Reklame, 1933, Nr. 5
7. Hunke, H., in: Die neue Wirtschaftswerbung, S. 9
8. In: Die deutsche Werbung, Ztg., 1937, S. 990ff.
9. Hunke, H., a.a.O., S. 11f.
10. ebenda, S. 20ff.
11. Overesch/Saal, S. 108 und 115
12. Hunke, a.a.O., S. 50
13. Wulf, J., Presse und Funk, S. 249
14. Hunke, a.a.O., S. 50
15. ebenda, S. 37
16. Hunke, H., Die neue Wirtschaftswerbung, S. 72
17. ebenda, S. 32
18. Braunmühl, C. von, Die Regelung der Wirtschaftswerbung, S. 4
19. F. Z., 8.2.1938, Staatsarchiv Potsdam, Best. DAF, Nr. 14434, Blatt 52, ohne Seitenangabe
20. In: Wirtschaftswerbung, Zeitung des Werberats, eigene Auszählung des Jahrganges 1934

21. Wirtschaftswerbung (im folgenden Ww.), 1934, Heft 13, S. 92
22. Quelle, alle Jahrgänge der Ww.
23. ebenda, Heft 3/4, S. 17
24. Deutsche Volkswirtschaft, 2.3.1938, Artikel von Dr. H. J. Müller
25. Ww., 1934, Heft 16, S. 111
26. ebenda, 1944, Heft 4, S. 27
27. ebenda
28. ebenda
29. Ww., 1936, Heft 14, S. 80
30. ebenda
31. ebenda
32. ebenda
33. ebenda
34. ebenda, S. 81
35. ebenda
36. ebenda
37. Ww., 1938, Heft 12, S. 91
38. Berliner Börsenzeitung, Nr. 523, 8.11.1938
39. ebenda
40. Textilzeitung, 26.9.1941
41. Schäfer, H. D., S. 151
42. Wündrich, H., S. 6
43. 3. Bekanntmachung des Werberates, 21.11.33, IV, Abs. 15
44. ebenda, Abs. 16
45. 2. Bekanntmachung, II, Abs. 6
46. Brugger, Alfons, Anzeigen-Jahrbuch 2, 1938/39, S. 80f.
47. Mendelssohn, S. 399
48. Heuer, Gerd, Entwicklung der Annoncenexpeditionen in Deutschland
49. Siehe die Briefe der Ala und NAZ im Faksimile
50. Entnommen der 10. Anzeigenpreisliste der NAZ, 1934, Wiener Library London
51. Mendelssohn, S. 466
52. Ww., 1935, Heft 15/16, S. 99
53. ebenda
54. 10. Bekanntmachung des Werberates, 20.10.1934, Abs. 1a
55. Ww., 1935, Heft 15/16, S. 99f.
56. Wündrich, H., S. 6
57. Heuer, G. F., S. 63. Wündrich erwähnt in seinem Skript die Firmen McCann, Ayer und Dorland. Da die Eigentumsverhältnisse bei Dorland für dieses Buch nicht klar lagen, habe ich auf die Nennung verzichtet.
58. Heuer, G. F., S. 63
59. Ww., 1938, Heft 12, S. 91
60. Braunmühl, von, Die Neuregelung des Anzeigenwesens, S. 30
61. 9. Bekanntmachung, 1.6.1934, Teil II, Abs. 9
62. ebenda
63. Ww., 1934, Heft 21, S. 1
64. Ww., 1936, Heft 16/17, S. 90
65. F. Z., 26.2.1939
66. ebenda
67. DAZ, Beilage Zeitbilder, 2.9.1940
68. ebenda, S. 90
69. Hunke, H., in: Der Werberat der deutschen Wirtschaft im Jahre 1940, Rechenschaftsbericht, S. 35
70. 2. Bekanntmachung, 1.11.1933, Abs. V, Punkt 17
71. 6. Bekanntmachung des Werberates vom 21.3.1934, in der Fassung vom 1.8.1938
72. ebenda, Abs. 3 a-d, und Abs. 4
73. ebenda, Abs. 8
74. Westphal, Uwe, Berliner Konfektion und Mode, S. 123ff.
75. Rechenschaftsbericht, S. 40
76. Rechenschaftsbericht, S. 38
77. Ww., 1939, Heft 7, S. 46

78. Handbuch der Massenkommunikation, S. 125
79. ebenda
80. ebenda
81. Das Daimler Benz Buch, S. 111
82. ebenda
83. Das Daimler Benz Buch, S. 130
84. In: Die Dame, 1930, Heft 12, S. 24
85. Grundbuch zur bürgerlichen Gesellschaft 2, S. 60
86. ebenda
87. Werbepolitische Probleme der Gegenwart, S. 5
88. Das Daimler Benz Buch, S. 131
89. Hunke, H., Die neue Wirtschaftswerbung, S. 37
90. Dieser Bericht wurde von Frau Hanni Behrens geschrieben, die auf der RWS studierte.
91. Wündrich, H., S. 9
92. Rechenschaftsbericht des Werberates, S. 103
93. Wündrich, H., S. 9
94. ebenda
95. Deutscher Handelsdienst, 23.7.1938, S.5f.

Aus Werbung wird »jüdische Reklame«

1. Wirtschaftswerbung im neuen Reich, Stuttgart, 1935, S. 5
2. ebenda, S. 12
3. In: Werbepolitische Probleme der Gegenwart, ohne Jahresangabe, Rede von K. Gottschick, am 11.6.1937, Düsseldorf, S. 18
4. 2. Bekanntmachung des Werberates, 1.11.1933, II, 6
5. F.Z., 5.10.1935, ohne Seitenangabe, Staatsarchiv Potsdam
6. F.Z., 27.10.1937, Staatsarchiv Potsdam, DAF, Blatt 204
7. Ww., 1944, Heft 3, S. 17
8. Niedersächsischer Beobachter, 11.9.1935
9. Angriff, 31.8.1935
10. Wulf, J., Presse und Funk, S. 252
11. § 4 der Satzung des NSRDW
12. Ww., 1938, Heft 11, S. 85
13. Ww., 1938, Heft 2, S. 11f.
14. In: Deutsche Werbung, 1937, Heft 17, S. 1010
15. Ww., 1938, Heft 11, S. 85f.
16. Genschel, Hellmuth, Die Verdrängung der Juden..., S. 289, Genschel bezieht sich auf ein Buch von Glockemeyer, Zur Wiener Judenfrage, Leipzig – Wien, 1936, S. 71ff., Genschel weist auf die antisemitische Grundhaltung Glockemeyers hin und auf die unzulässigen Mittel seiner Zählmethode. Dennoch vermittle die Statistik Glockemeyers einen Eindruck über den starken jüdischen Anteil am Wiener Wirtschaftsleben.
17. Aus: Kunst im Exil, Ausstellungskatalog, Berlin 1986, S. 113
18. Aus: Kunst im Exil, S. 118
19. Aus: Kunst im Exil, S. 131
20. Aus: Kunst im Exil, S. 135
21. Aus: Kunst im Exil, S. 139
22. Kunst im Exil, S. 157
23. Central-Verein Zeitung, 4. März 1937
24. Ww., 1941, Heft 4, S. 139
25. ebenda, S. 140

Marktforschung und »Verbraucherlenkung«

1. Kölnische Volks-Zeitung, 3.7.1938
2. Rechenschaftsbericht des Werberates 1941, S. 42

3. Rechenschaftsbericht, S. 28
4. Berliner Börsen-Zeitung, 28.10.1938
5. ebenda, S. 38
6. ebenda
7. ebenda, S. 26
8. Deutsche Volkswirtschaft, 2.3.1938
9. ebenda
10. ebenda
11. Berliner Börsen-Zeitung, 28.10.1938
12. Rechenschaftsbericht, S. 11
13. Maas, Utz, S. 35, Fußnote 16
14. ebenda, S. 32
15. Rechenschaftsbericht des Werberates, S. 11
16. Maas, Utz, S. 34
17. ebenda
18. Brugger, Alfons, S. 107
19. ebenda, S. 107
20. ebenda, S. 111
21. ebenda, S. 120
22. Maas, S. 35
23. ebenda, S. 37
24. ebenda, S. 37, Fußnote 19
25. Rechenschaftsbericht, S. 15f
26. ebenda, S. 17
27. Brugger, S. 117
28. Rechenschaftsbericht, S. 17
29. Ww., 1941, Heft 8, S. 279
30. In: Werben und Verkaufen, S. 256, 1938
31. Rechenschaftsbericht
32. Zeitschrift für Organisation, 1940, Heft 9, S. 110, Sonderdruck
33. ebenda
34. Bayrische Wirtschaftszeitung, Nr. 26, 6.8.1941
35. RKW Nachrichten, Nr. 7, 1940
36. ebenda
37. ebenda, S. 110
38. ebenda
39. ebenda
40. ebenda, S. 5
41. Mitgliederliste des AIW vom 1.3.1940, Zentralarchiv Potsdam, DAF, J176, S. 78 bis 84
42. Rechenschaftsbericht, S. 42
43. ebenda, S. 43
44. ebenda, S. 44
45. ebenda, S. 45
46. ebenda, S. 50
47. ebenda, S. 50
48. ebenda
49. Alle Zahlenangaben sind dem Rechenschaftsbericht entnommen
50. Ww., 1943, Heft 8, S. 108ff
51. Ww., 1944, Heft 5, S. 31
52. Ww., 1943, Heft 5, S. 85
53. Ww., 1943, Heft 3, S. 58
54. ebenda, S. 62
55. Vortrag C. Hundhausens auf der Jahrestagung des Bundes deutscher Gebrauchswerber am 22. Juni 1962 in der Folkwangschule in Essen
56. In: Die Zeit, 3.11.1955
57. Hermann Wündrich, spricht in diesem Zusammenhang von einem Zwangskartell
58. Hermann Wündrich bezeichnet in seiner Schrift das von Thomas Marcotty inszenierte Verfahren vor dem BGH als die »juristische Vergangenheitsbewältigung des nationalsozialistischen Ideengutes innerhalb der Wirtschaftswerbung.«

59. Damrow, Harry, Ich war kein geheimer Verführer, S. 47
60. In: Ein halbes Jahrhundert im Dienst der deutschen Außenwerbung. Der Weg der deutschen Städte-Reklame GmbH. 1922-1972, Frankfurt 1972, S. 29
61. In: Werben und Verkaufen, Nr. 7/1988, S. 16
62. Tekniepe, Ullrich, in: Horizont, Oktober 1988
63. Horizont, Nr. 19, 1988

LITERATURVERZEICHNIS

Adorno, Theodor, W., Minima Moralia, Frankfurt/M. 1984

Behrmann, H., Reklame, Berlin 1923
Bergler, Georg (Hrsg.), Werbewirtschaft, Berlin 1937
Bloch, Ernst, Vom Hasard zur Katastrophe, Frankfurt/M. 1972
Braunmühl, Dr. C. von, Die Regelung der Wirtschaftswerbung, Verordnungen, Bekanntmachungen, Bestimmungen des Werberates der deutschen Wirtschaft, Berlin 1939
Brugger, Alfons, Die Anzeige in der Wirtschaftswerbung, Berlin 1938/39
Brückmann, H.R., Amerikanische Werbe- und Verkaufsmethoden, Frankfurt/Main 1938
Buchli, Hanns, 6000 Jahre Werbung

Canzler, Hermann, Wirtschaftswerbung im neuen Reich, Stuttgart 1935

Dahl, Peter, Radio, Sozialgeschichte des Rundfunks für Sender und Empfänger, Hamburg 1983
Damrow, Harry, Ich war kein geheimer Verführer, Rheinzabern 1981
Das Daimler-Benz-Buch, Ein Rüstungskonzern im »Tausendjährigen Reich«, Hamburger Stiftung für Sozialgeschichte des 20. Jahrhunderts, Bd. 3, Nördlingen 1937
Dovifat, Emil, Handbuch der Publizistik, Bd. 3, Berlin 1969

Fischer-Defoy, Christine, Kunst, Macht, Politik, Nazifizierung der Kunst- und Musikhochschulen in Berlin, Berlin 1987

Genschel, Helmut, Die Verdrängung der Juden im Dritten Reich, Göttingen 1966
Goebbels, Joseph (Hrsg.), Moderne politische Propaganda, München 1930
Grab, Walter, Schoeps, H.J. (Hrsg.), Juden in der Weimarer Republik, Stuttgart 1986
Grube, Hans, Werbung und Umsatzentwicklung bei Markenartikelunternehmen, Leipzig 1941

Habermas, Jürgen, Strukturwandel der Öffentlichkeit, Neuwied 1962
Hadamovsky, Eugen, Propaganda und nationale Macht. Die Organisationen der öffentlichen Meinung für die nationale Politik, Oldenburg 1933
Haug, Wolfgang, Fritz, Kritik der Warenästhetik, Frankfurt/M. 1971
Heuer, Gerd, F., Entwicklung der Annoncenexpeditionen in Deutschland, Berlin 1937
Hinz, Mittig, Schäche, Schönberger (Hrsg.), Die Dekoration der Gewalt, Kunst und Medien im Faschismus, Gießen 1979
Horkheimer, Max, Gesammelte Schriften Bd. 5, Dialektik der Aufklärung und Schriften 1940-1950, Frankfurt/M. 1987
Hunke, Heinrich, Die neue Wirtschaftswerbung. Grundlagen der deutschen Wirtschaft, Hamburg 1938

ders., Rechenschaftsbericht des Werberates der deutschen Wirtschaft, Berlin 1941

Inszenierung der Macht, Ausstellungskatalog der NGBK, Berlin 1987

Knuth, Siegfried, Schöpferische Werbung, Berlin 1934
Koszyk, Kurt und Pruys, Karl Hugo, Handbuch der Massenkommunikation, München 1981
Kunst im Exil, Ausstellungskatalog der NGBK, Berlin 1986
Kropff, H.F.J., Psychologie in der Reklame, Stuttgart 1934

Letschinsky, Jacob, Das wirtschaftliche Schicksal des deutschen Judentums, Berlin 1932

Maas, Utz, »Als der Geist der Gemeinschaft eine Sprache fand«, Sprache im Nationalsozialismus, Opladen 1984
Mann, Alfred, Psychologisch richtig werben, Berlin 1934
Marcus, Alfred, Die wirtschaftliche Krise der deutschen Juden, Berlin 1931
Mendelssohn, Peter de, Zeitungsstadt Berlin, Frankfurt, Berlin, Wien 1982

Neuregelung des Anzeigenwesens und der Werbeberatung, Erster Nachtrag, ohne Angaben des Verf., München 1934
Nitsche, Rainer, Kröber, Walter, Grundbuch zur bürgerlichen Gesellschaft 2, Darmstadt, Neuwied 1984

Overesch, Saal, Das dritte Reich, Düsseldorf 1982

Pohl, Hans, Treue, Wilhelm (Hrsg.), Die Daimler Benz AG in den Jahren 1933 bis 1945, Wiesbaden 1986
Preussen, Versuch einer Bilanz, 5. Bd., Ausstellungskatalog, Reinbek 1981
Proesler, Hans, Handbuch der Verbrauchsforschung, Bd. 1, Berlin 1940

Reichsbund der Werbungstreibenden e.V. (Hrsg), Werbepolitische Probleme der Gegenwart, Berlin 1936
Reklame, Propaganda, Werbung, Broschüre des DRV, Berlin 1929
Riedel, Heide, 60 Jahre Radio, Von der Rarität zum Massenmedium, Berlin 1987
Roth, Karl Heinz, Schmid, Michael, Die Daimler Benz-AG 1916-1948, Schlüsseldokumente zur Konzerngeschichte, Schriften der Hamburger Stiftung für Sozialgeschichte des 20. Jahrhunderts, Nördlingen 1987

Schäfer, Hans Dieter, Das gespaltene Bewußtsein, Deutsche Kultur und Lebenswirklichkeit 1933-1945, Frankfurt/M., Berlin, Wien 1984
Seidels Reklame, Berlin 1930-1941
Spiegel, Der, 1987, Nr. 39
Strauf, Hubert, in: Pioniere der Nachkriegspublizistik, Hrsg.: Fischer, Heinz-Dietrich, Köln 1986

Werberat der deutschen Wirtschaft, Reichspressekammer (Hrsg.), Richtlinien für redaktionelle Hinweise in den Tageszeitungen, Zeitschriften und Korrespondenzen, Berlin 1935
Westphal, Uwe, Berliner Konfektion und Mode, Berlin 1986
Wirtschaftswerbung, Mitteilungsblatt des Werberates der deutschen Wirtschaft, Berlin 1934-1944
Wulf, Joseph, Die bildenden Künste im Dritten Reich, Frankfurt/M., Berlin, Wien 1983
ders., Presse und Funk im Dritten Reich, Frankfurt/M., Berlin, Wien 1983
Wündrich, Hermann, Wirtschaftswerbung während der NS-Zeit, Versuch einer Analyse, Manuskript, nicht publiziert, Düsseldorf 1986

BILDQUELLENVERZEICHNIS

Archiv Bauer: Seiten 3, 20, 27, 33, 37, 54, 62, 78, 79, 155.

Archiv Mindlin: Seiten 67, 130, 131, 132, 133, 134, 135, 136.

Archiv Preußischer Kulturbesitz: Seiten 39, 46, 47, 58, 59, 81.

Archiv Rosen: Seiten 117, 121, 124, 125, 127, 128.

Archiv Westphal: Seiten 13, 19, 21, 30, 38, 52, 55, 63, 64, 65, 75, 82, 87 oben, 93, 99, 101, 111, 113, 116, 118, 138, 142 unten, 143 unten, 149, 152, 154, 156, 157, 158, 159, 160, 161, 162.

Zentralarchiv Potsdam: Seiten 68, 69, 146.

Gebrauchsgraphik Jahrgang 1928 bis 1940: Seiten 12, 16, 17, 18, 31, 32, 34, 35, 36, 40, 41, 45, 49, 50, 51, 56, 61, 66, 72, 73, 80, 83, 84, 85, 86, 87 unten, 88, 89, 90, 92, 100, 103, 105, 119, 120, 140, 141, 143 oben, 145, 147, 151, 153.

Die Werbung: Seiten 26, 29, 95.

Deutsche Werbung: Seiten 71, 144.

Druck und Kunst: Seite 142 oben.

PERSONENREGISTER

Adams, Georg, 106
Adero-Silk, 129
Ala, 12, 60, 64, 65, 101, 110
Albrecht, Karl, 86
Amann, Max, 57, 66
Arpke, Otto, 123
Aust (Kathreiner) 82
Ayer, 67
Bahlsen, H., 82
Barkow, Hans (Küppersbusch), 150
Bayer A.G., 156, 157
Behrmann, H., 19
Berelson, B., 78
Bergler, Georg, 160, 170
Bernhard, Lucian, 12, 106, 108, 112, 114, 116, 117, 118, 126
Bischof, Erich-Arnold, 106
Bittrof, Max, 12, 84, 100
Bleichröder, 102
Blumhoffer, Fa., 53
Borsig, 64
Bosch A.G., 67
Bourne, Orlando, 9
Bradley, Will, 118
Brandes, Rudolf, 53
Braunmühl, G. von, 32, 68
Brose, Hans, 160
Bussing, 64
Cann, Mc., 67
Cautio-GmbH, 66

Clausen, J. (Beiersdorf & Co.), 150
Coolidge, 14
Continentale-Reklame Agentur, 67
Crawfords, 67
Dachinger, Hugo, 106, 127
Daimler-Benz, 79
Daimon, 130, 132
Damrow, Harry, 161
Daube, 12
Deutsch, Ernst (Dryden), 106
Dentsa, Inc., 162
Dobmann, Ernst (Sunlicht), 150
Domizlaff, Hans, 87, 94, 150
Domizlaff, Julius, 150
Dovifat, Emil, 160
Dryden, Helen, 16
Düker, Otto (Bewag-Berlin), 150
Dürrmeier, Hans, 160
Eckermann, 132
Edel, Edmund, 108
Eher-Verlag, 112
Ehrenberger, 72
Eisler, Heinrich (Agentur), 109, 111, 112
Eisler, Georg, 112
Erhard, Ludwig, 139, 160
Fall, C.B., 118
Fußnacht, 110
Findeisen, 19
Fischer, Fritz (IG-Farben), 150

Fischer, Hugo 103
Flach, 54
Flohr, 67, 130, 133
Form, Bruno, 110
Franck, Richard, 82
Francken und Lang, 10, 11
Frankenfeld, 108
Frenzel, H.K., 11
Fürbier, 110
Funk, Walter, 31
Funke, H.W., 54
Gaudet, H., 78
Goebbels, Joseph, 23, 26, 27, 28, 29, 31, 34, 43, 84, 147
Goldberg, Fred, 108
Göring, Hermann, 34, 98, 137, 149, 158
Giradet, K.G., 64
Greiffenhagen, Erich, 170
Grünfeld, F.V., 97
Haasenstein, Ferdinand, 9
Habermas, Jürgen, 8
Habermann, Karl (dt. Gasolin), 150
Hadank, Prof., 110
Hansen, Otto, 109
Hanusch, Karl, 131, 136
Hapag, 64
Heartfield, John, 69, 107
Heissig, Walter, 106
Hellwege, 32
Henkel, 82, 126, 143, 150
Henrich, W., 51
Heuss, Theodor, 67
Him, Georg, 107
Himmler, Heinrich, 87
Hindemith, Paul und Rudolph, 123
Hinkel, Hans, 31
Hirsch, 54
Hirschfeld, 102
Hitler, Adolf, 22, 26, 41, 54, 70, 78, 80, 97, 114, 154, 158
Hodges, Gilbert, 15
Hofmann, 73
Hohlwein, Ludwig, 114, 118, 119, 120
Holtzheuer, Carl (Continental-Werke), 150
Hugenberg, Alfred, 11, 12
Hugenberg-Konzern, 20, 60, 114
Hundhausen, Carl, 32, 87, 150, 155, 158, 160
Hunke, Heinrich, 31, 32, 34, 36, 49, 74, 100, 104, 138, 153, 154, 155, 160, 175, 176
Jacob, Prof., 136
Jacobi, Heinrich, 102
Juda, Egon, 94, 95, 150
Jung, Anton, 87
Junkers, Motorwerke, 148, 149, 151
Kaupisch, Johannes (Maggi), 150

Kissel (Daimler-Benz), 79, 87
Klimt, Gustav, 106
Klinger, Julius, 108
Knapp, Alfred, 14
Köhler, 94
Kranz, Kurz, 83
Krupp, 75, 158
Kroll, 80
Kropff, Hans, 150
Kupfer-Sachs, 34
Kupferberg, Christian Hdt., 53
Kathreiner, 64, Künzler, Richard, 29, 82, 91, 103, 150
Lade, Kurt, 107
Lanbro-Chemicals, 129
Leni, Paul, 108
Levin, K., 78
Lewitt-Him, Agentur, 107
Lichal, August (Wien), 150
Liebermann, Max, 80
Lilien, E.M., 108
Lingenor (Odol), 82
Lorz, Hermann (NSRDW), 150
Löwenstein, Kurt, 108
Lütgenhaus, Theo (Defaka), 150
Lyon, Gustav, 11
Lysinski, E., 19
Maecker, Eugen-Johannes, 94
Magirus, 64
Marggraff, Gerhard, 45
Maugham, Somerset, 129
Mataja, 19
Meerwald, 57
Mehrmann, E., 126
Michaligk, Paul, 150
Möhringer, Philipp, 160
Mosse, Rudolf, 9, 11
Mosse-Verlag, 12, 60, 64
Mundhenke, Paul, 145, 150
NHZ, 66, 101
Naussauer Broth., 129
Nestle, 130
Noelle, Elisabeth, 70, 71
Reclam, Phillip, 64
Oberwurzer, Freiherr von, 31
Oehs, Adolph, 115
Oetker, Dr., 65
Opel, 87
Oppenheim, Louis, 80, 108
Oppenheimer, Max (Mopp), 107, 108
Oppenheimer, Joseph, 108
Orlik, 108
Papen, 126
Paul, 114
Passarge, Karl, 105
Pawlitzek, Egon, 170
Penfield, Edward, 118
Persil, 80
Pickel, Erwin, 150
Platen, Horst, 109

Posse, Dr., 85
Prost, Richard, 162
Rebner, Adolph, 123
Reich, Wilhelm, 30
Reichard, Ernst, 32, 33, 66
Riesebrodt, Max, 9, 10
Ringelnatz, Joachim, 67
Riter, Rudolf (Olympia), 151
Roosevelt, Franklin D., 78
Roselins, Ludwig, 82
Rosen, Anna, 123
Rosen, Dorothy, 129
Rosen, Fritz, 12, 112, 113, 114, 117, 119, 121, 122, 123, 124, 125, 126, 127, 128
Rosen, Max, 126
Saatchi & Saatchi, 162
Sachs, Hans, 108
Sachwitz, Paul (Oetker), 151
Salzmann, Heinrich, 83
Sarotti, 64
Sanekel, 104
Senger, Johannes, 109, 112
Sheradon, Jack, 11
Simon, Bankhaus, 102
Sinel, Josef, 118
Schacht, Kurt, 151
Schäfer, Erich, 170
Schelling, Oscar, 110
Scherl, August, 9, 11, 64
Schleicher, 126
Schocken-Konzern, 129
Scholz-Klink, Gertrude, 141
Schmidt, Walter-Ernst, 94
Schmidt (Maggi), 82
Schreiber, Karl, 110
Schreiber, M.C. 31, 155, 178
Schwitters, Kurt, 107

Seidel, Wilhelm, 11
Simon, Seren, 126
Sombart, Werner, 8
Steinacker, Waldemar, 151
Stern, Eva, 130
Streicher, 97
Streit, Lotte, 109
Strix, 94
Szafranski, Kurt, 126
Teufert, Otto, 151
Thompson, J. Walter, 67
Tschichold, Jan, 107
Ullstein, Leopold, 9, 11
Ullstein-Verlag, 12, 126
Vershofen, Wilhelm, 170
Vogler, 12
Vulkan-Werke, 65
Wagner, Georg, 7
Walker, W. & Sons, 129
Wasay & Co., 67
Weber, Max, 19
Weise, Paul E., 67, 129, 130, 131, 132, 134, 135, 136
Wiertz, Jupp, 87, 88
Wiesenthal, Gretel, 108
Wilkie, Wendell, 78
Willkens, William, 110
Wilutzky, Fr., 102
Winkler, Paul, 66
Witte, Hermann, 26
Wolftron, Julie, 108
Wündrich, Hermann, 29
Wündrich-Meissen, 94, 155, 160, 176
Young & Rubicam, 162, 163
Zindler, 67
Zinn, Alexander, 112

DANK

Ich habe mich in diesem Buch darum bemüht, möglichst viele Fakten, Informationen und Berichte zu einem Bild zu verdichten, das es dem Leser erlaubt, die Rolle der Werbung als entscheidenden Teil der NS-Propaganda zu erkennen. Leider gelang es jedoch nicht immer, Zeitzeugen, Archivmaterialien oder Bücher zu finden, die mir hätten Auskunft geben können, daher konnten einige Fragestellungen (so die quantitative Beteiligung jüdischer Werbebüros in Deutschland) nicht immer ausreichend behandelt werden.

Noch nicht einmal ein halbes Jahrhundert trennt uns heute vom Kriegsende, von den furchtbaren Ereignissen des Nationalsozialismus, doch erscheint dieser Zeitraum schier unendlich entfernt zu sein, wenn man die Berufsverbände der Werbung in Deutschland nach den zwölf Jahren Naziherrschaft befragt. Fast keiner mag oder kann sich erinnern. Offensichtlich getrübt, wie überall, ist das Verhältnis auch in dieser Branche zur jüngsten deutschen Vergangenheit.

Umso erfreulicher waren die vielfältigen Unterstützungen und Hinweise, die ich im Ausland erhielt.

Mein besonderer Dank gilt Frau Andrea Mindlin und Frau Dorothy Rosen in England. Ohne ihre Unterstützung fehlten in diesem Buch wichtige Passagen. Herrn Prof. Dr. Werner Gaede von der Hochschule der Künste in Berlin verdanke ich zahlreiche wissenschaftliche Anregungen und Hilfestellungen, die sich auch auf eine Diplomarbeit zur Geschichte der Werbung bezogen, die nicht zuletzt zu diesem Buch führte. Herrn Dietrich Stobbe danke ich für sein engagiertes Eintreten zur Realisierung dieser Arbeit.

Neben vielen anderen Personen, die mir ihren Ratschlag gaben und hier nicht alle genannt werden können, möchte ich jedoch ausdrücklich danken: Puck Dachinger in London, Johannes Senger, H. und R. Behrens, Hermann Wündrich, Ullrich Tekniepe, Rudolf Schiffmann, Suzanne Sunda, Peter Fischer von der Firma Flohr-Otis, Axel Westphal, Ingeborg Martens, Gerd F. Heuer, Nicolaus Ott, Bernard Stein, Dr. Helmuth Bauer und Dr. Rudolf Brandes; Thomas Jünemann für die geduldige Überwindung zahlreicher technischer Probleme; Christa Wichmann und anderen Angestellten der Wiener Library in London, Herrn Landeck von der Bibliothek der Jüdischen Gemeinde zu Berlin.

Dem Zentralen Staatsarchiv der DDR in Potsdam und der Kunstbibliothek Berlin verdanke ich zahlreiche Dokumente zur Hintergrundinformation.

Das Erscheinen dieses Buches wurde mit Mitteln der Stiftung Preußische Seehandlung gefördert.

Uwe Westphal,
April 1989